幸せをつくるシゴト

クレイジーウェディング創設者
山川咲

完全オーダーメイドのウェディングビジネスを成功させた私の方法

Saki Yamakawa
1983-2013
Chronicle

講談社

mori*hana wedding

concept

二人にとって、
とっておきの場所に
ゲストをご招待。
ゴルフ場で行われた、
おとぎの国に
迷い込んだような結婚式

photo by Daniel Yeoh (The Royal Workshop Japan)

One LOVE

concept

私たちは地球に生まれた
1つの家族。
大切な人たちと大自然の中で
地球や絆を感じて。
「私たちは1つ」
そう感じられる
結婚式をしたい

友人が作ってくれた誓約書に誓いを立てる

最後は全員で輪になって歌を歌う。ゲストはいつのまにか1つになった

little wedding on the planet

森と文学をテーマに、ささやかで等身大のウェディングを

concept

広い、広い宇宙、連綿と続く自然、そのなかで、私たちは小さな一粒の点かもしれない。
けれど、何百本の木が集まり森になるように何千文字の言葉がつらなり
物語を作るように人と人とが出会うことで、
新しい何かが生まれていく。これは、始まりでもなく、終わりでもない
ずっと昔からあったこと。ずっとこれからも、そうあること。
こうしたことを祝福できるような、ささやかな結婚式を

photo by Masato Kubo (KUPPOGRAPHY)

哲学や言葉が好きなお二人は、席札に一人ひとり違う文庫本を用意

森に迷い込んだような世界観を文学とともに作り出していく

Over the border
―その境界線を超えて―

たくさんぶつかってここまで来た二人だから見えたものがある

photo by Masato Kubo (KUPPOGRAPHY)

concept

人生には超えてみないと分からない
人生を変えるほどの景色と感動がある。
私たちはそれぞれの境界線を超えて
課題に向き合って生きていく。
相手に向き合い、乗り越え、挑む。
そして大切なゲスト同士もボーダーを超えて
みんなで1つになれる結婚式を

海が大好きなお二人と会場を吟味して、海の家でのパーティを企画

盛り上がった海辺の運動会では、ビーチフラッグスにパン食い競走も

第一回はるな祭り
真夏のお祭りウェディング

photo by Masaki Oriyama (Apits art photography)

concept

みんなを楽しませることが大好きなお二人。
「結婚式でもみんなを驚かせたい」。
来年も再来年も毎年みんなで集まれるように
そんな願いを込めて「第一回」と命名。
暑い暑い夏の日に公園にやぐらを立てて
いつまでもみんなの笑い声が溢れる
ゲストのためだけの特別な夏祭りでの結婚式

汗をかいてみんなで踊った阿波踊りは、最高の盛り上がりに

うちわに手ぬぐいも用意して。特別なお祭りはいつまでも盛り上がった

UNITED WEDDING
—おうちへ帰ろう—

photo by Daniel Yeoh (The Royal Workshop Japan)

concept

「家族という存在」が人生に与える幸福を
自然に教えてくれたのがこの人だった。それはいつか、
自分が家族から与えられてきたものを与え共有する
喜びのような感覚。そして、今の自分たちがお互いと結婚できるのは
来てくれるゲストの一人ひとりと出会い、過ごせたから。
こみ上げる大きな「ありがとう」を表現するように
人とつながる幸せを感じられる空間を贈りたい。
都会から遠く離れた自然の中でのひとときに
「久しぶりにおうち(家族)へ帰ろう」と
思ってくれるような温かい空間を

石垣島で開催された結婚式は、島の人々ともコラボした

七夕の短冊、バーベキュー、スイカ割り……コンテンツは家族行事でよくやったイベントに

あきしとちいのティーパーティー

毎日忙しく働くお二人のゲストは、お酒が飲めない人が多い。
そんなゲストを非日常の空間にご招待しよう。みんなが日常を忘れる魔法をかけて

photo by Tsutomu Fujita (bozphoto&styles)

concept

あきしとちいの
ティーパーティーにようこそ。
みなさんにお越しいただいたこの場所は
日常を忘れるほどの
陽気な陽気な不思議の国。
楽しんでいただくのにもちろん
遠慮は不要です

会場内に用意したワンダーツリーという大きな木の前でのお二人

スイーツは
東京都内の人気店
から取り寄せた

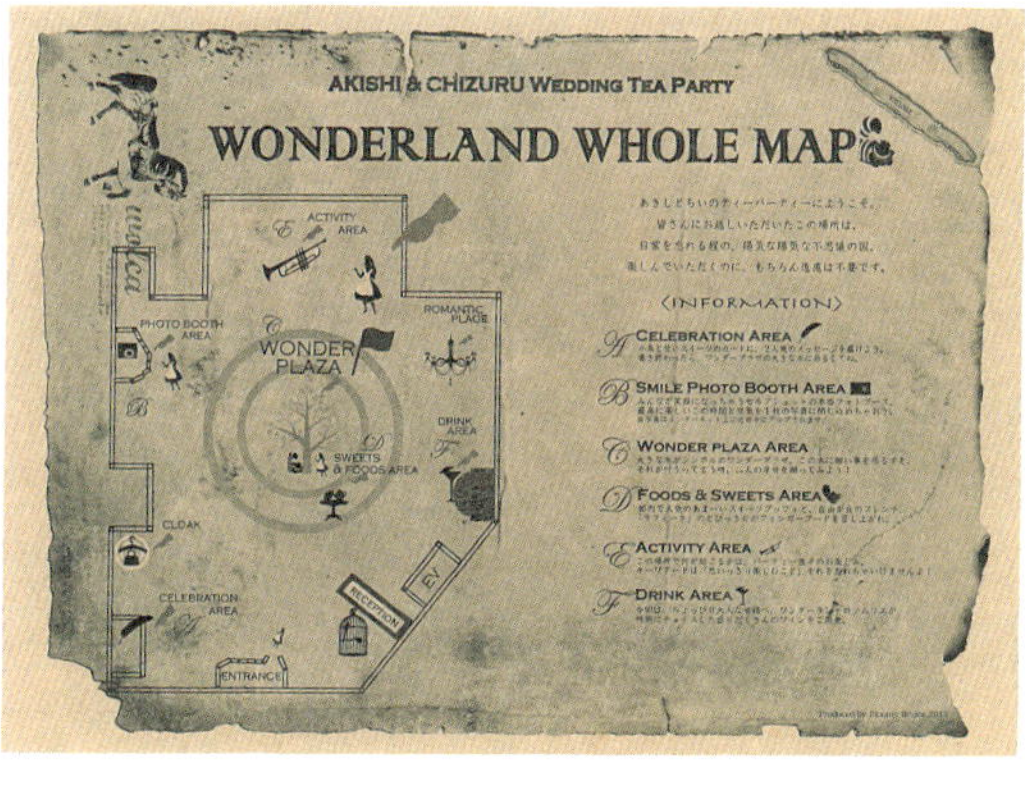

受付で手渡されたワンダーマップはゲストの心をワクワクさせる

Light wedding

二人の光でゲストの人生を照らす結婚式を

concept

先を見通してみんなの道標になるような力強い一筋の光。
周りをパッと明るくしてみんなをひっぱる太陽のように明るい光。
そんなお互いの光に惹かれて自然と一緒になった私たち。
結婚式の日にも私たちはそんな光でみんなを迎えて、みんなを包みたい。
そして私たち二人を暖かな光で照らしてくれた
家族や友人にたくさんのありがとうを伝えたい。
たくさんの暖かい光の電球と想いを詰め込んで
みんなの日常や人生も照らせるような
暖かな光の、ウェディングを始めよう

コンセプト通り会場にはたくさんのlight（電球やキャンドルの灯）を使って

すべての結婚式には、二人にしかないコンセプトを提案する

produced by crazy wedding

幸せをつくるシゴトは、
幸せなプロセスでできている

想像もできない未来を
クリエイティブにみんなで作り出す

連日作り込みをした
「スゴロクウェディング」の準備

コンセプトやクリエイティブは、
この部屋から生まれる

一緒にいるのが
一番楽しいと言えるほどの仲間

お客様とのお打ち合わせは
いつも真剣で、いつも騒がしい

ランチは毎日全員で。
この日は天気がいいのでピクニック

目次

幸せをつくるシゴト
──完全オーダーメイドのウェディングビジネスを成功させた私の方法

第五章／crazy wedding始動

はじめに

そのとき私は南米のウユニ塩湖にいた。

夕焼けが世界を赤く染めはじめたころ。風がピタリと止まり、空がうすく張った水に映った。その瞬間世界が反転し、嘘みたいな光景が広がった。やがて月と星がその水面に映るまで、その光景を見続けていた。

「この光景を見ることがなかった人生も、あったかもしれない」。私は静かに思う。

私たちは少しの勇気と、決意と、運と、そして意志を持っていれば、いつでも望む場所へとたどり着くことができる。私の人生で、ここに来ないという選択肢はいくらでもあったのに、今ここにいるのはそこに〝行けるルート〟があったからではなく、「行きたいという想いがあったから」に他ならない。

そんな「行きたい場所」に行く旅。それが「私らしく生きる」ということなのだ。

二七歳、社会人五年目のとき。一生懸命努力して生きてきたはずなのに、理想の人生にはあと少したどり着けない。そんな気がする毎日を、私は静かに受け入れようとしていた。

「この人生も悪くない」と折り合いをつけて生きる選択も私にはあった。それでも私はウユニの光景を見たときと同じように、「もっとこう生きられるはず」という、かすかな願いから、自分の人生をあきらめることができなかった。

そんなとき、一生勤めると決めていた会社を、あるハプニングを機に辞めて旅に出る。そこで私の人生は一変した。社会人生活五年間で手にした、キャリアやスキルという「大切そうに見えたもの」。これらを守る人生ではなく、まっすぐに自分の道を生きよう、自由にオープンに心のままに、他の誰でもない私の人生をまっすぐに。そう思えた日から、人生の景色は一気に変わった。

働く人も、お客様も、みんなが幸せになれる仕事をしよう。たどりついたのは、この世界を変える、人生を変えるほどのウェディングを創るビジネスだった。

私は会社を立ち上げ、三十年間変化のなかったウェディング業界に新風を吹き込み、起業一年足らずで革命児と呼ばれるようになった。

だれでも、どんな状況でも、そこに強い意志さえあれば、どこへでも行ける。

そんな私が全力で生きてきたストーリーを一つのメッセージとして、キャリアに迷う人や、やりたいことを見つけたいすべての人に、伝えたい。

第一章 ワゴンカーから始まった半生

生まれは渋谷、育ちはワゴンカー

私がおぼえている記憶の中で、いちばん古いもの。それは、白いワゴンカーの中、布団の上で、母と遊んでいるシーン。物心ついて、たくさんのことを理解できるようになるまで、まさか育った場所がワゴンカーだったなんて、想像もしなかった。嘘のような話だけれど、私の人生はワゴンカーから始まった。私が生まれた時代と違って、多様性あふれる今なら、ワゴンカーでの子育てだって、この日本のどこかで、おこなわれているかもしれないが。私が今、この多様性の時代を、違和感なく受け入れることができているのは、幼少期の経験が深く影響しているのかもしれない。

私が生まれたのは一九八三年。フジテレビのアナウンサーの父と、母と一緒に、私が渋谷の自宅で何不自由なく過ごした時間は、ほんの一瞬だったようだ。私にとって、そして、おそらくそれ以上に母にとって、人生最大の事件が起きたのは、私が二歳の時だった。アナウンサーというよりも、社会や世界の問題に真正面から向き合って挑む、ジャーナリスト気質が強かった父は、納得できないことを受け流すことができなかった。父は担当していたワイドショーの番組で、世界情勢に対して正しいと信じていることを、会社の圧力に屈せず押し通すような発言をした。自分が信じるものを曲げることができなくて会社と争い、その後どうにか折り合いをつけて会社に残ったものの、疑問と違和感に打ち勝てず、父は一七年勤めた会社を去った。

「こんな不自然な生活をやめて、もっと自然な生活に戻らなくてはいけない。この世界は正気を取り戻さなければいけない」。父の心の叫びがあふれ出し、そんな自分の心と向き合うために、まだ幼い私と母を連れて、期限の決まっていないワゴンカー日本一周の旅をスタートさせたのだった。当時、誰も理解できなかったのだが、父には「家族のために、生活の基盤となる一生の住処《すみか》を探す」という想いがあったのだという。

「ノマド（遊牧民）ワーキング」という働き方の概念もない時代に、私たちは結局二年弱もの長期間、ワゴンカーや仮住まいの土地で暮らした。キャンピングカーでもない、ただのワゴンカーを毎日走らせて、夜になれば車内に布団を敷いて眠る。〝普通〟からはだいぶかけ離れた生活が私の日常だった。もちろん、これはひとえに楽しい生活ではなく、過酷な生活であったと思う。この時の写真を見返すと、明らかにヒッピーのような人たちと、幼い私が一緒に写っているものがたくさんある。こんな人たちにどうやったら出会えるのだろうという、自由を絵に描いたような空気をまとった人たち。そんな人たちや場所をめぐりながら、私たちはこの期間中、何度か仮住まいをした。

その場所のひとつが北海道である。父は旅の途中、ふと「家具職人を目指す」という想いがピンときたという。家具職人の職業訓練校に通うために滞在した北海道。そこで三歳違いの妹が生まれた。この一連の出来事は母にとって、大変なことだったと想像できる。ただでさえ妊娠・出産は大変だというのに、それをワゴンの旅や仮住まいの家で、というのは壮絶である。

母の妊娠後期に、一軒家の住宅に仮住まいをしたときのこと。驚くような北海道の寒さのなか、母を衝撃的な事件が襲う。家事の合間寝かしておいた、まだ三歳の私の耳が、ネズミにかじられる瞬間を目撃したのだ。この時、必死にネズミを追い払いながら、ついに母の気持ちが爆発して「もうここから逃げ出したい！」という想いに駆られたという。それでも、その状況に耐え私を育て、妹を産んだ母はなんて強いのだろう。母がこの状況に負けずに私たちを育ててくれたから、今があることは明らかだった。

一方、少年のような父は、たぶんそんな母の葛藤にも気づかず、職業訓練校を修了し、家具職人ではなく、「ログハウス職人になる！」と言い出し、次の滞在地である山梨に向かった。そして、私たちは山中湖のほとりに暮らした。

しばらくすると、父は千葉の市原市でログハウスづくりの仕事をすることになった。無期限とも思われた途方もないワゴンカーの旅は、この地でようやく終わったのだった。父曰く、私の「もう車のおうち、いやだよぅ」という一言で、家族が限界を感じている状況に初めて気づいたという。おそらく父の中に、答えのようなものはあったのだろう。意外にもすんなりと、父の「家族のために一生の住処を探す旅」は、大自然との共生という答えと共に終わったのだった。

始まった田舎暮らし

父が選んだ定住先は、千葉の片田舎。最寄りのＪＲの駅までは車で五〇分。二時間に一本の単線が走っていて、駅は公衆トイレに間違われるくらい小さくて、とんでもない田舎だった。父はそんな小さな集落のその中でも、とくに山の奥の一軒家をあえて選んだ。一〇〇坪にして家賃一万円という破格の物件。そこは、まるで時が止まったようだった。明治時代に建てられ朽ちて倒れかけた家屋と、まだ原形は保たれている家屋、そして広い畑と庭がついていた。

ログハウス職人を目指していた父は、この家から少し離れた場所でログハウスづくりのプロジェクトに参加していた。そこから見える大自然の山の中に、一本の煙が立ち上っている光景を見たとき、「あんな場所にも人が生活しているんだ」と驚嘆し、その場所に住むことを決めたのだという。

その地域でも、とくに人気《ひとけ》のない、かなり奥まったところにあるこの家。最初に足を踏み入れた瞬間のことを、私は今でも鮮明におぼえている。クモの巣だらけ、煤《すす》だらけで、真っ黒な家のドアを開けた瞬間、大げさではなく、何十年ぶりかで現代の風が入ったように感じた。そこには、賑やかに足を踏み込めない雰囲気があった。そっと足を踏み入れて、脆《もろ》い床の上を慎重に歩く。ここに住むなんて、まったく想像できないような閉ざされた空間。庭は、襲いかかってくるほどの緑の草たちがぼーぼーに生えていた。とんでもないところに迷い込んでしまったということが、わずか三歳の幼い私にも理解できた。気持ちのうえでは運命共同体だった母と強く手をつないで家の中を見てまわる。東京都渋谷区で生まれた私は、誕生から約三年弱で日本一周の光景と、多様な人たちをその目に収めて、その経験値をもってしても目が飛び出そうなこの場所で、暮らすことになった。

数々の信じられないことも、始めてしまえば意外にもすんなり日常に溶け込む。このことを、私は人生で人よりも多く経験して学んできた。やがて父が家屋を改築し、日常が始まった。三歳の私が保育園に通うという日はあっさりと訪れた。ただ、最初に通った保育園では、どうしてもなじむことができず、何度か保育園を飛び出した。ついに保育園を辞めたいと話すと、母は動じもせず「(保育園に)自分でちゃんと話したらいいよ」と言った。その時、私がどう感じたのかはおぼえていないが、少し悩んだあと自ら保育園に電話をして、辞める理由とお礼を丁寧に伝えたという。

小学校に入ると、片道三〇分以上かけて猿や蛇や牛、時には猪を横目に見ながら、獣道を歩いて通学する生活が始まった。そのころ父はフリーランスで月に数回CMなどのナレーターの仕事を都内でしながら、家の周りで野菜やお米を作って生活していた。この田舎での農業を通じて、父はやっと「生きている」という実感を持てたのだだという。確かに、私たちは大自然の真ん中で生きていた。春になればフキノトウやタケノコ、秋になれば柿や栗は、どこに行っても採れたし、近くの沼辺にはクレソンもたくさん生えていて、それを採ってきてそのままサラダにして食べた。「今日はこれ捕まえたから」と、ご近所さんに捕れたての猪のお肉をおすそわけされることだってあった。庭の大きな木にロープを張って遊んで、夏には蛍狩りに出かけたりもした。

毎日の生活はもちろんアナログだった。家は薪《まき》ストーブで暖をとっていたし、私はお風呂担当として、中学三年までは外にある五右衛門風呂を毎日、スギの葉から小枝に、小枝から薪へ火をつけて焚《た》くという、いま思えば、かなり衝撃的な日々を送っていたのである。

先進的すぎる生活の弊害

今でこそ、スローライフやロハス的な社会生活を取り入れている人は多いが、昔から健康や環境に対する考え方がはっきりしていた私の家は、体に入れる食材や、体に触れるものにもかなりこだわりがあった。当時はその価値を理解したり、感謝したりすることはできなかったけれども、両親のおかげで私は健康や環境に留意した前衛的な生活をしていたのだった。

実際に、マーガリンや添加物、白砂糖はほとんど口にしたことがなかったし、シャンプーも植物由来成分配合の質が良いもの、洗剤も漂白剤の使われていないものが使用されるような家だった。唯一苦労と心労が絶えなかったのは、当時の私にとっては、私の世界のすべてである学校の友達と、会話や価値観がまったく合わないということだった。その地域に暮らす人々は、その地域から外に出ることはあまりなく、閉鎖的な環境だった。

私は同級生たちとの違いがありすぎて、毎日のようにちっぽけなことで悩んでいた。植物由来の成分で作られたシャンプーを使う私は、みんなが使っている合成シャンプーのいい香りがしない。私の体操服を洗う洗剤は漂白剤が入っていないから、少し黄みがかっていて目立つ。親に、体に良くないから飲まなくていいと言われている牛乳を、給食でも飲まないことで、白い目で見られる。食べ物にこだわりのある我が家は、みんなが話しているようなファミレスやファストフードに行けなくて、友達との話題についていけない。ランドセルは普通に親から何色がいいか聞かれて、私はピンク、妹はオレンジを選んだけれど、女の子はみんな赤だった。薪ストーブの横で乾かす洗濯物はいぶ臭くて、その臭いが気になって人に近づけない。などなど、私からしても、そこに住む友達や先生から見ても、カルチャーショックなことが日常的に起こりすぎていた。

周りとの違和感や、友達と折り合えないことをどうにか隠そうとしていた私とは裏腹に、昔から不思議なところがある妹は、私の目から見ればその生活と、うまく付き合っていたように思う。嫌なものは嫌だときちんと伝えて、友達とうまく付き合えないことも親に素直に相談できて、学校に行きたくないと言える、その勇気に私は本当に感心したものだった。そんな妹は、学校になじめないという理由から芸能人になると言いだし、中学生時代はほぼ東京で芸能活動をして、ちゃっかり大河ドラマに結構いい役で出たりしていたのだった。

私はというと生真面目で、その状況に折り合いをつけることに必死だった。私の小学生当時の夢は、「普通の子どもになること」だった。普通の赤いランドセルを背負いたい。ダサくてもキャラクターがついた、みんなと同じお洋服を着たい。ボタンひとつでお風呂に入れる生活がしたい。人里離れていないところに住みたい。そんな無数の叶わない夢を心の中に持ち続けていた。

同時に、「自分はなぜ、他の子とは違うのだろう?」「なんで望んだわけでもないのに、こういう生活をしているのだろう?」「なんでみんなは私を認めてくれないのだろう?」という問いは尽きることがなかった。

そんなある日、「咲ちゃんって宇宙人みたい」と言われた。とても努力して、みんなになじもうとしていたはずなのに、ふとそう言われたその言葉を、私はその後、一時も忘れることはできなかった。どうしたらそう思われないのだろうと、幼くして自分自身を客観的に見ることをおぼえたのだった。

でも、そんな悩み続けた生活のすべては、両親の「意志のある人生」の投影であったことを、私は今になってとてもありがたく思う。幼少のころから、我が家で日常交わされる話題といえば、チェルノブイリ事故から学ぶ原発の怖さや、携帯電話や電子レンジから発せられる電磁波の体への影響、そして戦争の恐ろしさなど、常にスケールが大きかったし、今から考えればとても本質的な内容だった。一見、はちゃめちゃな父の行動に家族が巻き込まれたかのように思うけれども、私の今を作っているのは、間違いなく、このとき自然と共に過ごして感性を養い、物事の本質に触れ、そして自分らしく生きることに葛藤しながらも、そこに向き合ってきた経験そのものだと思う。

孤独という痛み

そんな環境で育った小学生のころの私は、自分の意見を早くから持っていたので、目立つ子どもだったと思う。昔からがんばり屋の気質はあったので、勉強・運動はもちろん、学級委員などにも立候補して、毎日を活発に過ごしていた。慣れないその土地で、ちゃんと生きていける自分を証明したいと、どこかで願っていたのかもしれない。私の努力は通信簿や成績に数字としても表れていた。

父が一番びっくりしたのは、私の小学校の卒業式だという。在校生から、抱えきれない数の花束をもらっている私を見て、父は「こんな馴染みのない土地でも、こうやって人に愛されて、咲はえらいなぁ」と思ったそうだ。でも、私はそのころから一つの葛藤を抱えていた。その葛藤があったから、私はあんなにも笑顔で、あんなにもがんばって、あんなにも人に認められていたのではないかと、いま振り返って思うのだ。その葛藤の根本が「人と違う」ということだった。もっと言うと、人と違うから、どこかいつも存在を受け入れてもらえていない、という不安だった。自然に素のままに生きていると、私は他の人とだいぶ違う価値観や経験を持っていて目立ってしまう。このことを小学生のときに理解していた。そして、このままでは、私は一人になってしまうのではないか、という不安に気づき始めていた。そこから私の努力の日々が始まった。

中学生になった私は、なんとなく感じる窮屈さと生きづらさの中で毎日を過ごしていた。人生最大の暗黒の時代は、中学生のころだと思う。中学校に入っても身長一三〇センチ、靴のサイズが二〇センチ未満の小さな体だった私は、その体に似合わないくらい大きな悩みを抱え、毎日多くのことを考えていた。他の人と違うことを幼いころから認識していた私には、その違いを隠してみんなに馴染みたいという強い思いがあった。後に母が言うように、私は洞察力が昔からとても鋭かった。クラスメイトや担任の先生が望むこともわかるし、加えて、とくに苦労をしてきた母に心配をかけないようにという思いから、四方に気をつかう三年間を無意識に過ごしていたのだった。

例にもれず、中学生は多感な時期で、学校ではグループができ、私はその小さな社会になじむ自分になろうと、涼しい顔で今まで以上の努力を重ねていた。その小さな世界で、一人で生きている人を見ると、私は死んでもそうはなれないと思った。今の自分なら、「なじめないならしようがない。気をつかって誰かといるよりも、仲良くしたいと思う人が見つかるまで一人でいるほうがいいじゃん」と思えるものだが、その時の私には、そんな勇気はなかったし、そんな考え方が存在するなんて、夢にも思わなかった。なんとなく良さそうなグループに所属して、毎日を注意深く過ごしてきた。

中学校三年生の時、細心の注意をして毎日を過ごしていた私に、ある事件が起きた。その日も何事もなく始まった一日だった。授業の合間の休み時間、教室に忘れ物を取りに戻ったとき、それは前触れもなく起こった。一番仲良くしていると思っていた友達が、私の悪口をみんなの前で話しているのを聞いてしまったのだ。忘れたかったからなのか、その時の内容を私は覚えていない。ただただ、目の前の友人との今まではなんだったのだろうというショックが私を襲う。疎外されないように生きてきた努力が、一瞬にして音を立てて崩れ去ったのである。

私の一番の恐怖は、人から必要とされないことだったのだ、とその時痛感した。できる限りの努力をすべてしてきても、突きつけられるその目の前の現実に、私は心から絶望した。私の何がいけないのだろう。私に刻まれた強すぎる個性を、ポジティブに受け止めるだけの余力は、中学生の私にはもはや残ってはいなかった。

父は自分やその周りのことに精一杯だったし、母はちゃんと育てなくてはと私に厳しかった。加えて周りの友人とは距離を感じることが多かった私は、その時はたった一人で闘っていると思っていた。幼少期は先生や周りから褒められることがうれしくてたくさんの努力をした。努力をして、自分の価値を見出そうとしていた。でも、その努力はいつのまにか「人に認められなくては」という強迫観念のようなものになっていったのだった。笑顔で重ねた努力の裏で、毎日誰にも見せずにこっそり泣くことも多かった中学校時代。その時のことを思い出すと、私は今でも少し涙が出そうになる。それくらい先の見えない毎日をそれでも、祈るような気持ちで必死に過ごしていた私自身は、どこか痛々しい。この時の傷を、私はかなり長く忘れることができなかった。

個性を持って生きる

その後の私は、高校を自分の意志で決めて市外の私立校に通うことになる。中学時代は、自分でまだ何も選んでいないのに、なぜ辛い毎日を生きるのだろうと悩んだ日々だった。その永遠とも思えた中学校生活を、私はやっと卒業した。何も選べなかった中学までとは違い、私は行きたい高校も、通学の方法も、何もかも自分で選べることに感動した。そして「選ばせてもらったのだから、ここでがんばりたい」という私の想いは、ポジティブにまたそのパワーを高めたのだった。

高校時代は私にとって、人生が開けた大切な時間だった。自由に好きなように生きてもいいと言ってくれる人たちがいることを私は知った。消し去りたいと思っていた自分の個性を、すごいと言って認めてくれる人、愛してくれる人に出会ったのだ。私は仲間や、このころお付き合いをしていた人に心から救われた。そこから私の人生は大きく変わったのだ。

それからの私は、高校の文化祭、大学のサークル設立、イベント運営など、たくさんの人たちを巻き込んで、一つのものを創り上げていった。その中で、迷い葛藤することもちろんあったけれども、挑戦するたびに、そこには「人生が変わった」と言ってくれる人たちがいた。私は多くの才能を持っているわけじゃないけれども、「これがやりたい！」というパワーが人よりも大きいこと、その中で多くの人を巻き込む力があること、そしてそれを、こだわりをおさえずにやりきる力を育んできた。いつしか私は「私にしかできない何か大きなものを作りたい」「私にしか生きられない人生を生きたい」という願いを持つようになっていった。

ちょうどその頃私は「山川咲の名前で仕事ができる人になる」、そう小学生のとき自分の家の床に落書きをしていた無邪気な夢を思い出した。その希望を忘れていた私が、それを思い出し、それに向かおうと思えることは大きな変化だった。同時に、ほとんど無意識に自分の個性を消して生きようとしていた私は、それがどれだけ辛いことだったのかを、個性を認められるたびに知った。隠していた私の個性は、やっと高校から本格的にもとの私へと少しずつ息を吹き返したのだった。

ただ、私が今の自分にたどり着くまでのプロセスはもちろん一筋縄ではいかなかった。少し自信を取り戻すたびに、小中学校のどこか孤独だったころの経験は、いつでも私に過剰に問いかけた。「私には人に認められるだけの、人よりすごい何かがあるのか」と。私は、人を信じて傷つくことを恐れていた。だから、自分の価値を疑って、「まだまだ」だと自分に伝え続け、それをパワーに前に進もうとしていたのだった。結局まだまだ自分の存在価値に確信が持てずに、もっと多くの人に認められるために、がむしゃらに生きた。

一〇〜二〇代前半は、私にとっては自分の力を証明する闘いだったのである。ただ、がんばった先にあったのは、他人の評価はもらえるけれども、どうしても自分自身を認めることができない、という大きな壁だった。達成しても、やりきっても、越えられないその壁に、私は何度も挑み、敗れてきた。

それでも、私は違う答えなど見つからず、その挑戦を続けるしかなかった。

第二章　会社員生活が教えてくれたこと

会社員としての五年間

二〇〇六年に大学を卒業した私は、人材教育コンサルティング会社に入社した。その会社は、「今度生まれ変わっても、この時期、この会社で、この仲間と、この仕事をしたい」と思えるほど充実した経験を与えてくれた。私の人生で、「絶対できないと思うものでも、挑戦すれば成し遂げられる」ということを教えてくれたのは、間違いなくこの会社だった。私がこの場所で過ごし経験したさまざまなことは、今でもこの体に染み付いていて、この人生を作ってくれている。

私はそれまでの人生の例にもれず、相当力を入れて就職活動に取り組んでいた。内定先の中で絞った会社は、親や学校が薦める超大手人気企業と、当時急速に伸びていて私があこがれていたネット系企業、そして圧倒的に認知度も規模も小さかった前職である人材教育コンサルティング会社の計三社。最後の最後まで悩んで選んだのが人材教育コンサルティング会社だった。当時は三〇名ほどしか社員のいない中小企業。ほぼすべての大人たちが反対するのは当たり前のことだった。

それでも、私を入社へと導いたのは、その会社の人事担当者が相当ぶっとんだ存在だったからだ。その彼は、近藤悦康《よしやす》さん。一言でいうと信じられないくらいの発想と、それを成し遂げるすごいパワーの持ち主だった。当時彼が取り組んでいたプロジェクトはゆうに一〇を超え、とにかく人や社会の枠を超えて、誰もが考えつかない、けれども多くの人が望むようなサービスやプロジェクトを打ち出している人だった。パワーが切れれば、道でも会社でもどこでも寝てしまうような、見たことのない全力人間。

選考中は、この企業よりもこの近藤さんという人物が興味深くてしようがなかった。この人が人生を懸けて働いている会社って、どんなところなのだろう？　という興味が先行していった。

しかし、当時ベンチャーだったその企業は、新人である私にとっていばらの道だと思った。ただ、だからこそ自分の人間性を伸ばせる何かがあると感じていた。わかっていたのは、大人になればなるほど、今より楽な選択はできても、辛い選択をしていくことは難しいだろうということ。だからこそ、新卒で入る会社は自分にとって、最も厳しい環境で、自分が成長できるところがいい。そんな思いから、一番厳しい環境に身を置けることが明らかな、この企業へ内定承諾を決めた。

入社してみると、まだまだいろんなことが整備されていなくて、これからすべてを作っていくところだったが、その事実は私の目にはポジティブな可能性として映った。私は何かを守る人ではなく、「創造し、道を拓く人」。だからこそ、一番未来が見えない会社であることが、選ぶ理由となったのである。

就職活動をしていたあの時、多くの大人の言うことをきいて、人気がある有名企業に入社していたら、私はきっと起業することはなかった。それまでの人生で、多くの学生や社会人に会ってきて、環境がどれだけ大きな影響を人に与えるかということは明らかだった。人は環境に作られる生き物なのだ。自分がそこでどこまで挑戦できるのか、そして、そこで育まれる価値観は、人生のその後を決める生命線だ。何が正しいということはないが、自分が決めて、動いて、責任が取れる環境を経験している人は強い。「そこにある環境は、万人にとってすてきか」ではなく、「自分がなりたい姿になれるだけの環境や人やビジネスモデルが、そこにどれだけリアルにあるのか」を見極めることが人生を大きく左右する。

限界へのチャレンジが日常

配属されたのは人事新卒採用チーム。希望どおりのチームに配属され、激しい社会人生活が幕を開けた。

入社式が終わったその日の午後、チームのリーダーに、私が関わりたいプロジェクトを伝えて、その場で責任者に任命してもらう。ある選考過程のプロデュースをすべて請け負ったのだが、入社初日から作業は深夜に。それからの毎日も、深夜までハードに働いた。とにかく毎日が楽しくて、もっと何かを生み出したくて、昼も夜もなく、食事をとる時間すら惜しんで働いた。

まだこれからの会社にとって、自分が力になれることがうれしかったし、会社の歴史を作っているという高揚感を、そこにいる全員が持って働いていたのだった。「こうしたい」ということを否定する人は誰もおらず、やると決めている人がいれば、どんどん新しいものが生まれていった。

入社して三ヵ月が経ったころ、会社のブランディングに対し情熱を持っていた私は、「パンフレットを作りたい」と、近藤さんに志願し許可をもらった。得意の「これがしたい！」という巻き込みパワーを使って、先輩二人をプロジェクトメンバーにアサイン（任命）させてもらい、超短期間のプロジェクトが始まった。

私もプロジェクトメンバーも、すでに大量の仕事を抱えていた。当然、誰も想定していなかったプラスアルファの仕事となったため、パンフレット作りに取りかかれるのは、ほとんど業務時間外、深夜に差し掛かったころ。それなのに妥協を知らない私は、まったく初めてのプロジェクトでありながら、理想を詰め込んだ大量のページ数・文字数のパンフレットの製作に挑んだ。しかし、プロジェクトは困難を極めた。ページのラフ作りに始まり、印刷会社の選定、インタビュー対象の決定とスケジューリング、ライティングに編集、構成など、ほとんど一人で行う。何度、先輩たちに迷惑をかけ怒られ、涙したか、もはや数えることもできないほどだった。「これがしたい！」と思うプラスの気持ちとは裏腹に、想像を遥かに超える大変なものだった。納得できるクオリティのレベルを譲らず、プレッシャーと体力の限界に挑んだ、たった一ヵ月程度のプロジェクト。入稿前は八夜連続の徹夜となってしまい、朝、会社から家までの坂道を自転車で下りるたびに、「もっとできるはずなのに」という思いに悔し涙を流していた。シャワーを浴びて、一時間ほど仮眠をして会社に向かう。信号待ちや会社のエレベーターの中でも気を失うような眠気に襲われる。最後は体力的にも精神的にも追い詰められていた。やっとの思いで入稿をした朝は、そのまま瀕死の状態で役員室に呼ばれ、「今日はもう帰りなさい」と異例の言葉をいただいた。午後から出社するつもりでいたものの、少し眠るはずが、目を覚ますと次の日の夕方になっていた。こうしてまだ新人だった私の超短期パンフレット作成プロジェクトは満足できる仕上がりとなり、無事に幕を閉じた。この会社が新人の私に、一つのものに懸ける機会を与えてくれたことが、私の人生の可能性の枠を広げてくれたのだ。

二年目からは採用部門の責任者になり、さらに私のパワーは加速していった。私が担当していた新卒採用は年間のエントリー数一万人をゆうに超え、直接会う学生も五〇〇〇人を超えた。

そして私が採用を担当した数年の間に、学生の人気企業ランキングにエントリーされるような会社へと飛躍した。社員三〇名ほどだった小さな会社は、どんどん大きくなり、私が退職するころには一〇〇名を超える会社になっていた。さまざまな仕組みが作られて、安定もしたし、守らなくてはいけないものも増えた五年間だった。

この大きな社会の中で、みんなに驚かれるような挑戦ができるだけのパワーと確信を私にくれたのは、間違いなくここでの経験だったと言い切れる。そんな日々を私は夢中で生きていたのだった。

三年目の違和感

息をつく間もないほど、目の前のことに熱中していた私が、ふと今までとは違う感情を会社に抱いたのは、入社三年目のことだった。もちろん初めの一〜二年は、そんなことを感じられる余裕は微塵もなかった。やればやった分だけ結果が出て会社の成長を肌で感じる日々は、本当に充実感にあふれていた。自分自身が生み出したものが、この会社を確かに前進させているという喜びが私のすべてかのように、体調もプライベートも、何もかも関係なく私は仕事にのめり込んでいた。

ただ、入社して三年が経ち、リーダーとしても仕事に少し余裕が出てきたときに、自分の中に言葉にはできない気持ちが生まれるようになった。それはクリアではない小さな違和感のようなものだった。同時に、会社の数千万円の予算を何にかけるか、今年の採用フロー、マーケティング戦略など、大きな意思決定が急にできなくなったのである。

私の仕事は新卒採用の責任者、いわば会社の顔である。会社の代表として年間数千人の前に出て、採用系のメディアにも広く顔を出していた私は、自分の意志とは裏腹に、「こうであるべき」という逃げられない自分の役割を、強く認識するようになっていった。私の言動が学生に与える影響への責任、一人の人を採用することで会社の未来が変わるという仕事への責任、採用する学生の親御さんに対する精神的な責任。そんな大きな責任の前に、答えなんてそもそもないのに、正しい答えを探そうとしてしまう自分がいた。期待されているものを認識し、それに必死に応えようとする日々は、強いプレッシャーとの闘いだった。その中で私は、自分自身の価値を発揮している感覚も、意志を持って生きているという充実感も静かに失っていった。積み重ねてきた自信さえ徐々に薄れていくのがわかった。「これからの人生どうなるのだろう」。私は、自分の人生について、入社後初めて考えてみたのだった。そして、その時期をどうにか乗り越えたものの、私はなぜか前のように働けなくなっていた。

くすぶっていたこの時期、私は大好きだった採用チームから異動することになった。学生支援事業、個人向けコンサルティング事業、法人向けコンサルティング事業など、二年間で三つの部署を異動した。それぞれの部署で、器用にそこそこの成果は出す一方で、湧き上がるような、何かを創り上げるエネルギーは過去のレベルを超えることはなくなっていた。一生懸命働いて、できることもどんどん増えているのに、少しずつ自分の本当の人生から離れていっている気がしていたのだ。そして、考えたくはないけれど、「私は、会社と仲間のために、この人生を使うのか?」という、一つの疑問が生まれたのだった。

それでも、その時は少し考えて、その問いに「もちろんYES」と答え、仕事に集中しようと努めていた。「この忙しい毎日はきっと五年後も同じ。その先に私が望む人生があるだろうか」という考えを無視するように、私は自分が採用した何十人もの新卒社員の顔を浮かべて、彼らをがんばる理由とし邁進した。

そして訪れた転機

そして転機は突然訪れた。「この会社にずっといるのだろう」という考えで落ち着いて働いていた私の歩みを、いきなり止めたのが妊娠というサプライズなニュースだった。入社二年目のとき、私は同僚の森山和彦(以下・森ちゃん)と結婚していた。妊娠が発覚したとき、私は何も言葉が出なかった。ただただ、早すぎるのではないか……という不安が私を襲った。しかし、この経験は私に見えている世界を変える、大きなインパクトときっかけを与えてくれたのだった。

妊娠がはっきりわかる前、私の中に今までにない不思議な感覚があり、なぜか

「あ、妊娠しているかも」という予兆があって、病院でそれを告げられたときには、やっぱりという気持ちが生まれた。そして、「子どもはまだ早い」と頭の中で思っていた思考を一気に感覚が超えるという、なんともおもしろい経験をしたのだった。なんというか、自分の中にもう一つの命が生まれているということは、シンプルに幸せなことだった。一瞬の沈黙はあったものの、妊娠はうれしいニュースとなった。「子どもを産んだことが、人生の中で一番よかったこと」という、母の言葉を聞けたり、自分だけの体じゃないことがくすぐったいなぁと思いながら、自分を大切に思えたり、食べ物や睡眠に気をつかったりしながらの毎日は、なんだか新鮮だった。それがうれしくて大切で愛おしくて、今まで重ねてきたキャリアや評価、お金を、ぽんと捨てられる感覚というのが私の中に生まれたのだった。

会社の中で、ルールや指針によって減点されたり、加点されたりするという金銭が絡むフィードバックを受けると、行動と思考が強く影響されるものである。何年も会社にいて、そういうフィードバックを受けてくる中で、私はそこで評価されることが、自分の人生にとってすごく大切だと思うようになっていた。しかし、妊娠というきっかけで、その評価よりも大切なものがあることを、私は久しぶりに思い出した。

そもそも私は、そういう評価を大切にするようなタイプではなかったはずだった。自分の変化を興味深く思いながら、妊娠してからの二ヵ月弱はゆったりと何にもとらわれずに、自分の人生とカジュアルに対話するような時間を過ごしていた。

ところが、会社との時短勤務の交渉をしたりしながら、毎日を大切に暮らそうと思った矢先に、思ってもいなかったことが起こった。お腹の中の子どもの成長が止まったのだ。流産という事実を目の前に、悲しさと不甲斐なさ、周りへの申し訳なさとが入り交じった気持ちがこみ上げた。なんだか心が、ざらりとするような経験だった。

ひとしきり、そんな悲しみの中にいた私だったが、流産という事実は私にとって、どうしても受け入れられないことではなかった。この妊娠が運んできてくれた穏やかな気持ちを思うと、これが一〇〇パーセント悲しいことだと思うのは間違っているような気がしていた。だからこそ私は、またいつか来てくれるだろう未来の子どもを思って、自分の人生をちゃんと生きると誓うことで、自分自身にこの一連の出来事を納得させたのだった。

このとき、仕事に復帰しようとした私は、今度はごまかせない強い違和感にぶつかった。私は結局会社に上手に復帰することができなかった。時短勤務交渉をしていた私をフルタイム勤務へ戻す作業が、会社との間でうまくいかないことがきっかけだった。それは、今までのキャリアが白紙になってしまうという、納得のいかない話し合いだった。そのとき、会社にとって私はどんな存在なのだろうと考えてしまった。私は自分の成長が会社の成長そのものだと信じて働いてきた。しかし、自分の存在なくしても会社は回るのだと知ることになった。良くも悪くも、だから会社なのだという、単純なことがこのとき初めて理解できたのだった。

それを受け止めたときに、結局会社が意思決定者で、私はそれに逆らうことはできない従業員なのだということを、冷静に受け入れるしかなかった。確かに、その職場には主従関係を超えたつながりや愛情、絆があった。それでも、やはり会社という大枠の仕組みを、私はこれからも超えることはできないだろうと悟ったのだった。

私は、「こうやって会社や誰かの想いを叶えるために、親が与えてくれたこの生命のすべてを、これからも使って働き続けるのか？」という問いにぶつかった。妊娠の経緯で感じた、親がどれだけ自分を愛してくれていたのかということ、親にとって子どもがすべてだという感覚を思うと、自分の人生を生きることを妥協してはいけないと、強く思った。会社で働き続けることと、自分の人生を自分らしさを発揮して生きることは、私の中で折り合わないものになっていた。

「会社を辞める」。今まで思ってもみなかった選択肢を掲げてみると、「まだまだ何もできない」という未来や能力への大きな不安と同時に、その選択肢は未知への冒険のように私の心を少し高鳴らせた。私はとても悩んだ。ただ、給与に不満がないことも、一生働き続けるつもりで買った会社の目の前のマンションも、私の働くモチベーションだった後輩たちも、結果的には私を引き止める理由にはならなかった。

自分の人生を輝かせるということが、社会に対しても、親に対しても、出会ってくれた人に対しても、そして何よりも自分に対して貫くべき生き方だと私は思った。後輩たちには、私が私の人生を生きて、その背中を見せたいと思えるようになった。それは、私がとても短い間だったけれども妊娠したことで、お腹の中の子どもが私に伝えてくれたメッセージだと思えた。

そして、私の中の直感に従って、自分の人生を改めて歩み始めることを、私は決めたのだった。

別れの痛み

別れは多大な力を要する。会社を辞める・辞めないという、会社側との議論は一週間の中でかなりもつれた。「辞めないでほしい」という社長からのありがたい言葉に応えて、残れる条件を考えてみたものの、他の経営陣からは反対された。言い合いのようなものも含めて、話し合いは私が望んでいたものとは違う形で熱を持ってしまったのだった。一週間で三度も社長に時間を作ってもらい話をしたけれど、会社に残るという選択は結局折り合わなかった。

ちょうどその時に起こった東日本大震災の影響も加わって、背中を押されるように、私は会社を辞めた。ありったけの度胸と勇気と、できる限りの冷静さを振り絞って。

これだけ愛情のすべてをかけて働いていた会社だっただけに、仕方ないことだが、この別れの痛みは正直、当時の私には耐え難いものだった。この時の私を率直に表現するなら「身も心もボロボロ」という言葉が一番似合うほど、ひどく傷ついていた。流産をしたこと、自分がこの会社で働き続けられないという事実、人生のすべてだった会社に対して私自身がその決断を下したこと。そのすべてを受け入れるのは半端なことではなかった。辞めると決めたものの、今まで自分は何をしてきたのか、社会で勝負するだけの価値がある人間なのかを自問自答するような、真っ暗な闇の中にいるような一週間だった。

会社を辞めたものの、私は会社からも社会からも、必要とされる存在だったのだろうかという疑問や、五年間に対する虚無感が私を襲った。この時の私は、こんな私に今後の転職先は見つかるのだろうかと、いま考えれば小さな悩みも押し切るだけの自信すらなくなっていた。

会社を辞めることを思い立ってから、一〇日も経たないほどのスピード退社だった。答えも確信もないまま、私はひどい精神状態の中で会社を去った。

すべてを捨てて旅に出る

「このままではダメだ。旅に出なくちゃ」。そんな直感を頼りに、日本を飛び出そうと試みる。決意した翌日、私は三日後のオーストラリア行きのフライトを押さえた。

数ヵ月前のクリスマス、とてもかわいがっていた後輩が、「旅に出なよー」と、きっと結構値の張るバックパックを私にプレゼントしてくれたことを思い出す。泣き疲れた私は、やっとの思いでバックパックを引っ張り出した。その後輩の「旅は人生にパワーをくれる」という言葉を思い出しながら、背中を押される思いで荷造りをする。この五年のことを考えたりしながら、会社を辞めた衝撃を真正面から受けないように、細心の注意を払い、努めて元気に準備をしようとした。

最初こそ、途中で止まったり涙ぐんだりして、準備が進まなかったものの、旅の準備そのものは前向きな空気を運んできてくれて、私を癒やしてくれた。五年間蓄積してきた私の東京での生活の荷物は、もちろんこのバックパックにはまったく入りきらないほど多い。でも、私が一ヵ月暮らせるだけの荷物が、広々としたクローゼットとは比べものにならない、小さなバックパックに入ってしまうことに、心から驚きながら準備を進める。数日後の私は、自然豊かなオーストラリアという、行ったことも見たこともない場所にいるのだという想像は私の心を明るく軽やかにしてくれた。二七歳、初めてのバックパックの旅。もちろん不安がないわけではなかったし、森ちゃんも心配しただろうけれど、「旅に出なくちゃいけないと思うの」という突然会社を辞めた私のまっすぐな申し出に、彼は「かわいい子には旅をさせろって言うものね」

と、自分に言い聞かせるように言って送り出してくれた。この仏のような森ちゃんが私に与えてくれたものは、一体どれだけのものなのだろう。私はこうやって、たくさんの人たちに支えられて今を迎えているのだと、本当にありがたい気持ちがこみ上げる。いつだって私の、唐突な申し出や願いを受け入れてくれて、私を見守ってくれている人たちの顔がたくさん目に浮かんだ。涙もろくてだめだなぁと思いながら、忙しく私は準備を進めていった。

退職のことをまだ伝えられていない友人もいる中で、早くも出発の日はやってきた。重い荷物を抱えて、不安な気持ちがまた顔を出す中、森ちゃんに送ってもらい成田空港に到着する。夜のフライトは好きだが、どうしてもセンチメンタルになる。チェックインを済ませて、お寿司を食べて、最初に行く場所の話をしたりして、楽しく過ごして迎えた出発のとき。

出発ロビーの前で、森ちゃんに「行ってきます」を伝えるときに初めて、「怖くて行きたくない」という思いがこみ上げてきた。涙目になって、「どうしよう」と話す私に森ちゃんは「大丈夫だから、がんばって行ってきなさい」の言葉とハグをくれた。その励ましを頼りに、半泣きで飛行機に乗り込んだのだった。機内の電気が消えて真っ暗になって、ぼうっと見つめた空港と滑走路の明かりがきれいでまぶしかった。この旅で新しい人生が始まるのだ。漠然とした想いが胸にこみ上げて泣けてきた。ここまで生きてきた自分の半生を思い出し、振り返ってみれば、少なくともいつでも一生懸命努力して、目の前のことと向き合ってがんばってきた自分を、なぜだか褒めてあげたい気持ちになった。

そして、何日ぶりだろうか、なんだかとても穏やかな眠りについた。

第三章　人生を変えた旅

旅と人生のセオリー

フライトアテンダントたちが機内を歩き回る気配で目を覚ます。シェードのすきまからこぼれるまぶしい光に、外は朝なのだと気づいてシェードを上げると、その光が機内に惜しげもなくあふれていく。同時に、間もなく着陸というアナウンスが流れる中、私は窓からの光の先に見えた強いコントラストの大地と、空と、雲と、緑に目を細める。初めて見たオーストラリアの力強い姿に圧倒されながら、私は改めてもう昨日とはまったく違う場所に来たのだ、と気づかされる。

私は、まだこの旅で何もしていない、というよりもむしろ到着もしていないこの未知の場所を見ただけで、私の新しい人生が動き始めていることを感じた。旅が持つパワーなのかもしれない。すでに、自分の中の昇華されていない悲しみや落ち込みや不安はどこかに姿を隠していた。そこには新しい人生、新しい旅、新しい自分への高揚感がただただ希望と共にこみ上げていた。私は、この眼下に輝くオーストラリアでの新しい生活に思いを馳せた。太陽や大地のパワーを純粋に感じながら、心が元気になっていくのがわかった。

東京からシドニーへ。そこから国内線に乗り換えて、東海岸の有名なゴールドコーストよりも少し北、ブリスベンという街に向かう。その飛行機の中で、一人のおばあちゃんと隣になった。見るからにチャーミングでかわいいおばあちゃん。話しかけるとうれしそうに、いろいろと答えてくれた。私が英語をあまり話せないことを知ると、そのおばあちゃんが私に最初に教えてくれたのは、機内でお茶と一緒に出されたクッキーについて。「これはチョコレートクッキーよ」と、一目でチョコレートクッキーとわかるそれを、手に持って教えてくれたのだった。とってもゆっくり発音して教えてくれる優しさと、それさえもわからないと思っているところが何だかかわいくて、声を出してケラケラと笑ってしまう。それを見ておばあちゃんも一瞬きょとんとしたものの、歯を見せて笑う。なんだか、その何気ないやりとりで私の心がどんどん軽くなっていく。この場所に今という時間しかなくて、過去も未来も関係なく笑い合える安堵感はすごく大きなものだった。

一生懸命話し続けてくれるおばあちゃんは、楽しそうに生きていて、おしゃれで、私はそのおばあちゃんが大好きになった。言葉が出てこないながら、私が一人でオーストラリアに来たこと、そしてこれから人生で初めての一人旅が始まるのだということを必死に伝えた。それを理解したおばあちゃんは、「それはあなたにとって、とて

「もすばらしいことよ」と言い、出会って間もない私に、何かあったときのためにと、おばあちゃんと娘さんの住所と電話番号、そして娘さんのメールアドレスを紙に書いて渡してくれた。見ず知らずの私を応援し、できることをしてくれようとするその姿に、私は早くも感動の涙を流しそうになってしまう。

　そして最後に、おばあちゃんは私に言った。「決して臆してはだめよ。必ず誰かが助けてくれるから。何か困ったら臆せず話しかけなさい」。その言葉は予想以上に、心細くて、どうしていいかわからなくなってしまったときに、いつも私に勇気をくれることになる。きっと、旅だけではなくて、日本でも日常でも同じだ。未知のことに挑戦するのはすてきだと、未熟だからこそ助け合え、人と出会い共有できるのだと、完璧じゃないから人と人とがつながって、いろんな奇跡は起こる。「困ったときこそが、人と何かを共有し、人とつながることができるチャンス」。それは、おばあちゃんが私にくれた魔法の言葉。たった一言のおばあちゃんの言葉が、この旅で、たくさんの出会いの奇跡を与えてくれることになる。

小さなチャレンジ

乗り継ぎを経て、降り立ったブリスベン。意気揚々とオーストラリアの大地を踏みしめる。その高揚感も束の間、空港から追い出されたときの、孤独感と不安感というものは、どうにも表現しきれない。初めてのおつかいのような気持ちで、地図と標識とにらめっこが始まる。そして、知り合いのいない街でひとりぼっちという不安と、ホステルにたどり着けないのではないかという不安が入り乱れ、だんだん気分が下がっていくのがわかる。

勇気を出して人に聞いても、私の英語リスニング力の未熟さと、オーストラリア英語のなまりのため、ほとんど返事が聞き取れない。ジェスチャーだけを頼りに電車に乗って、唯一日本から予約していたホステルへ向かう。ここだという駅に降りて、勇気を出して、一人また一人と道を聞くために声をかける。自転車に乗っている大学生に道を聞いて、レストランのおばちゃんに地図を見せて、しまいには携帯ショップのお兄さんがお店を閉めてまで送ってくれることに。最初から迷惑をかけっぱなしの私だけど、みんなが笑顔で「がんばれ、任せろ」と言ってくれるから、道に迷っていても心が満たされる。

日本での一連の出来事からの半端ではない疲労感と、やっとたどり着けるという安堵感との両方を手にしながら、やっとの思いでホステルに着いた。

ホステルのドアを開ける時は毎回緊張する。静かに宿に入って部屋に通されると、リビングでたまたまそこで働く日本人の男性に出会った。本当に英語がこんなにも話せないこと、聞き取れないことにショックを受けていた私は、丸二四時間ぶりくらいに聞く日本語に、何とも言えずに感動していた。彼はワーキングホリデーでオーストラリアに来ていると話してくれた。

さっきまではたどり着けないかと思っていたホステル。そのリビングで、いろんな国の人たちと話をしている不思議さ、平和さ。そんな心地いい違和感に胸を撫で下ろしながら、みんなの話をとにかく聞き取ろうと英語に耳を傾ける。みんなと目が合ってにっこりすると、「なんでそんなにニコニコしているの?」と笑い返される。眠くなるまでそうして過ごしていた。

そこで聞いた情報によると、オーストラリアの東海岸は、有名なゴールドコーストではなく、バイロンベイに行くべきだという。そして、もし行けるならフレイザーアイランドという、天国みたいな場所に行くべきだということを話していた。その会話だけはどうしても聞き取りたくて、何度も「もう一回言って」とお願いしながら、なんとか理解できた。その大仕事を終えると、私はもう眠くてほとんど意識を失いそうだった。そしてシャワーを浴びることもできず眠りについた。

翌日、そんな昨夜の話を受けて、素直な私はその島へのツアーを申し込んだ。お金も無事支払い終わって、明日からのツアーのチケットを持って、初めての国、初めての街で、初めてちゃんと食事をしようと試みる。久しぶりにおいしい物を食べたいと思っていたけれど、気が弱いところがあり、どうにも入りやすそうなお店が見つからない。とりあえず、チキンが食べられるファストフード店に逃げ込んだ。不甲斐ない初めてのランチを食べて街をぷらぷらと歩く。目的もなく、目標もなく、でもなんだかこのゆるい感じを喜んでいる自分自身がいた。することがないという、この五年間とは比べものにならない果てしない時間の余裕を感じて、私はこの旅のあいだ中、何度も驚いた。私は一体どこに来てしまったのだろうと思うほどに、今までとはまったく違う時間がそこにはあった。

夜、ホステルに帰って明日からのツアーの準備をする。みんながホステルで過ごしている当たり前の光景が、私にとっては見たことのない新しい世界。ホステルってこうやってシャワーを浴びるのだ、こうやってご飯を食べるのだ、こうやってみんなで話すのだ、という小さな発見にいちいち満足しながら、当たり前ではない新鮮な夜は更けていく。新しい場所に飛び込まなかったら見られなかったすべてを見て、感じられなかったすべてを感じて、出会わなかったはずの人たちと出会っていくこの感覚に、自分の人生がすでに大きく変わっていることを知る。「この気持ちを忘れたくない」という静かで確かな気持ちがこみ上げて、私はベッドで今日起こったこと、感じたことのすべてをノートに書いていった。この旅で決めていたのは、毎日、日記を細かくつけること。チケットのこと、ランチのこと、散歩のこと、そしてそこで感じたすべてのことを細かく振り返って、今のこの気持ちを忘れないようにと、願うようにノートに綴り続けた。

自分らしい人生への憧れ

次の日の早朝、ホステルを出る。ホステルのおばちゃんに見送られて、教わったバスターミナルまでの道を進んでいく。切符を買うのにも汗をかいて途方にくれて、乗り換えの方法も何度も教えてもらって、目的地に行くにも何人もの人に道を聞く。日本にいる時とはまったく違う自分と毎分出会う。毎日、同じ会社に通っていた五年間。積み重ねた日常の中で私は、道に迷うことも、わからないことも、途方にくれることも、なんでできないのだろうと嘆くこともなかった。数百人の学生の前で説明会をしたり、コンサルタントとして、多くの経営者や人事担当者、そこで出会う人たちにアドバイスをしたりして過ごしていた日常。その日常は日本に置いてきたのだと、このオーストラリアで悟る。何にもできない私は今日も、必死の思いでバスターミナルへとたどり着けた感動をかみしめている。道に迷うことを考慮して驚くほど早くホステルを出たから、集合場所にはまだ一〜二名しかいない。心の中では「この人に話しかけたいなぁ」とか思うのに、話しかけることもできずに、ツアーガイドが私の名前を呼んでくれるまで、ただただその場所でこの光景を見ていた。

そして、砂浜も水の中もそのまま走れる大型の４ＷＤのバスが動き出す。揺れのかなり大きなそのバスで、時間にしてここから七時間くらいかかるというような、陽気なガイドのお兄さんのアナウンスが聞こえる。二〇名くらいのほぼ同世代の世界中の人たちを乗せたオレンジのバスは、まだ誰も見たことのない天国のような島を目指して走り続けた。

バスごとフェリーに乗ってたどり着いたその島は、天国という大げさな表現にも思わず納得してしまうような、キラキラと光り輝く嘘みたいに美しい場所だった。ほとんどのメンバーが女性というおもしろい構成のこの三日間のツアーで、私は生きているという感覚を取り戻していった。ホステルを拠点にバスやトレッキングで移動して、川で泳いだり、砂丘を駆け下りたり、小高い丘に上ったり、ランチで毎回サンドイッチを作ったりする。何気ない、けれどもきっと一生忘れないだろうと思える風景を、そのメンバーたちと一緒に過ごした。

英語はもちろんまだ慣れないけれど、何もしなかったら何も伝わらないから、私はただただ裸でコミュニケーションをとる。「おいしいね」「楽しいね」「すごいね」と、それぞれのシーンで感じる自分の感情を、表情とジェスチャーと、「わー」とか「きゃー」とかいう悲鳴で表現する。そんなものが伝わるのか正直わからなかったけれど、私のリアクションにみんなが笑ったり、「Ｌｏｖｅｌｙ！」とか「Ｓｏ ｃｕｔｅ！」などと伝えてくれる。体当たりだけど、言葉ではなく空気で全員と仲良くなり、私はみんなのことが大好きになった。いつもみたいに良く思われたいとか、そういう気持ちは不思議とまったくなくて、私はいま生まれたかのような素直さで、みんなと打ち解けていった。

人とつながること、笑い合えることだけで、こんなに心が満たされるのかと驚く。こうやって、誰かと笑い合っているだけで何かは伝わるし、こんなに幸せなのだ。今まで生真面目に向き合ってきた人生だったけれど、もしかしたらどうやったって生きていけるのかもしれないと気軽に思ってみたりする。そして、自分の気持ちを伝えること、相手の気持ちに届くこと、そこに心が動くことが「生きている」ということなのかもしれないと感じる。

このツアーで、私の心を摑んで離さなかった二人がいた。それがアリスとフローレンスだ。二人は私がこの旅で一番憧れた姉妹。家具のデザイナーだった姉のアリスは、親族の遺産を手にしたときに、今しかできないことをしようと、その仕事を辞めて妹と二人で旅に出た。お金で買えないものに、そのお金を使いたいと決めて。ツアー中も二人の姉妹は、バスできゃっきゃと話をして、お風呂あがりにもおしゃれして、何でもないことで爆笑して、たまにタバコを吸いながら真剣な話もしていた。無邪気でかわいくて、二人を見ていると、心から「人生はすばらしい」って言葉に納得できた。二人から、「他の誰でもない、私の人生を楽しんでいる」ということがまっすぐに伝わってきて、まぶしかった。

私はといえば、振り切るように辞めた会社に残してきたものや、裏切ってしまったもの、そしてこれからの人生に対する不安と、隙があれば闘っていた。でも、二人は周りのことにいい意味でお構いなく、自由に自分の人生を楽しんでいた。自分のペースで自分の心のままに、好きに楽しんで生きている姿は、いつも周りの私たちにポジティブで大きなパワーを届けてくれた。まっすぐに心のままに生きることが、こうやって周りのみんなに影響やパワーを与えてくれる。二人を見ていて、それって本当にすごいことだと思えた。

かつて幼かった私は、大自然の中で、きっとこんなふうに生きていた。そして学校に通い始めて、それができなくて、あんなにも苦しんだ。そして今、目の前にいつからか夢に見ていた、「もっと自由に、自分らしく生きる人生」が存在しているのだと思えた。

「私もこうやって生きていきたい」。それは決意にも似た願いだった。

人生に残る情景

私はこの島での生活を心から楽しんでいた。たった数日とは思えないほど、すばらしい風景と記憶を詰め込んだ三日間。その中でどうしても忘れられない風景があった。二日目の夜のこと。バーでビリヤードをしたり、踊ったりして、ただ笑い合って過ごした賑やかな夜。何が起きてもおもしろくて、ほとんど初めて会ったみんなと、いつまでも無邪気に笑って過ごした夜。

ツアーでとくに仲が良かった一歳年上のスイス人の女の子と一緒に、そのバーを出た。海の音も匂いもすぐそこに感じながら、ホステルに向かって手をつないでケラケラ笑って走っていく。バーの喧騒はどんどん遠くなっていく。笑って目を合わせて、もっと笑って、ついに走れなくなり立ち止まる。とそのとき、波の音が消え、そこには音のない世界があった。見上げた星空があまりにもきれいで言葉が出ない。黒というよりも深い藍色のような空に、無数の星があふれている。何回か呼吸をして、その息の音を聞いていると、波の音と海の匂いが戻ってくる。五感を研ぎ澄ませながら、私たちはいつまでもその降ってきそうな星を見上げていた。この壮大さや感動を表現する言葉は見つからないような気がした。お互いに掛ける言葉はもはやない。この光景を私はきっと一生忘れない。そう思ったとき、いつまでも心に残る情景が人生にはいくつもあったことを思い出す。太陽に溶けそうなほど暑かった中学テニス部の坂道ダッシュ。なんだか必死に飾り付けをした高校の文化祭前夜の教室。いつかの彼と初めて手をつないで熱が出そうだった横浜からの帰り道。夏合宿でサークルのみんなでふざけ合ってダイブした夜の海。連日徹夜作業の中、息抜きで後輩と飲んだスタバのフラペチーノ。

何気ない日常の中の大切なワンシーン。今は音もなく、その光景だけが切り離され心に焼き付いている。それは、どんなものにも代えられない私だけの思い出。そんな輝くシーンを、未来の私に今きっと残せていると思うと、なんだかとてもうれしかった。もっと私の心に、そしてもっと一緒に過ごした人の心に、いつまでもキラキラした光景を残す人生を生きよう。

昨日の涙と明日への涙

ツアーの最終日がやってきた。三日前はおたがいの存在も知らなかったということが信じられないほど、いつものように「おはよう」と、朝が始まる。こうやって、人と人の人生が思わぬところで交差する可能性が、人生にはあるのだということを、私は長い間忘れていたように思う。一〇日前と、一ヵ月前と、一年前と同じように今日も同じオフィスに行き、同じ机に座るという選択肢も私の人生にはあったと思うと、早くもそちらのほうが信じられない気持ちになる。この三日間を知らずに生きる人生もかなり高い可能性であったという事実。それはとても驚くべきことだった。勇気を出してこの場所に来ることを選べてよかった。

最終日は少し切ない気持ちがどこかにあるような、違う空気が混じる。本当にあっという間の三日間も正午を過ぎると、いよいよツアーも帰路につく。４ＷＤのバスで砂浜をワイルドに進む帰り道は、永遠に続くのではないかと思うくらい景色の変わらない単調な道だった。この旅での途方もない長距離バス移動は、いつも私にいろんなことを考えさせた。

少しずつ、光が赤く変わっていく私の一番好きな時間になると、私は席を移動して一人で窓の外を見つめた。遠い山に沈む夕日。そして、少し不安に思っていたことが現実になる。沈みかける夕日をぼうっと見ていると、急にセンチメンタルな気持ちが押し寄せる。涙があふれて止まらない。世の中の人にはあるのだろうか、こんなふうにどうしようもなく悲しくなることが。自分のすべてが悲しみで占領されて、身動きを取ることができなくなることが。

私は昔から、そういうことがよくあった。どんなに楽しくても、どんなに笑っていても、一人になると、私はやっぱり一人だというどうしようもない事実を突きつけられているような気がして、不安でいっぱいになることが。そして、その不安に私自身がまるごと飲み込まれてしまう。あんなに好きだった会社を辞めてしまったこと、今こんなにひとりぼっちを感じること、そして子どもを流産したこと、そのすべてが答えもないのに「なぜ」という問いとなって私の中に押し寄せる。どうしていいかわからず声を殺して、私はただ泣くしかなかった。

だいぶ落ち着いたころ、休憩所でトイレに行くと、私が憧れていた姉妹の姉、アリスに声をかけられた。泣いていたことを気づいていないアリスは、私がバスの中でノートに何かを書いているのを知っていて、「あ、私に手紙書いていたんでしょう？あとで絶対ちょうだいね」と無邪気に言った。バスに戻り、私はアリスになんとなく手紙が書きたくなって、本当に書いた。私は手紙に、流産のことを正直に書いた。そして、「二人を見ていたら、このことに意味があると思えて、だからその意味をこの旅で探したいって思えたよ。二人の姿が本当にまぶしかったよ」ということを伝えたくて、手紙にしたためた。

バスが最初に集合した場所に着いてから、その手紙を「後で読んでね」とアリス姉妹に渡して、ビッグハグをすると、二人は颯爽と帰っていった。私は他の人たちにもお別れを言って、名残惜しい時間を過ごしていたのだが、それも落ち着いてそろそろ帰ろうとしているときに、最初に帰ったはずのアリス姉妹が全力疾走で戻ってきた。「どうしたの?」と言う間もなく、二人が私のことを抱きしめた。「手紙を読んだ」ということ、「教えてくれてありがとう」ということ、「辛かったのに、よくがんばったね」ということを、すごい勢いで伝えてくれる。二人にハグされて、キスされて、もみくちゃにされて、一生懸命二人が訴えるように伝えてくれた言葉は、今でも私の心に生きている。

「あなたは本当に美しい顔をしている。誰にもない笑顔を持っている。必ず幸せになれるわ。みんなあなたのことが大好きだから。だから前に進んで」。伝えてくれる愛情と言葉を全部受け取れるように一生懸命聞きながら、「うん、うん」と、たくさん頭を縦に振るけれど、その振動で涙がポロポロとあふれて止まらない。さっきは悲しくて涙が出て、今はうれしくて涙が出る。

思い返してみれば、私の人生の大半は、こんなふうに涙でできているような気がした。でも、それはもしかしたらすごく幸せなことなのかもしれない。ずっと昔から、生きている意味を考えて、真面目に人生と向き合って、悩んで、苦しんで、でもがんばって生きてきた証拠。そして、そのシーンを思い出すといつも、その時の二人の体当たりな言葉とハグが私に勇気をくれる。笑い合ったり、ふざけたり、一緒にたった三日間という時間を過ごしただけのこの二人が、真正面からこんなにも力強い言葉をくれたこと、そしてそれを心から受け止められたことは、何か大きく新しい兆しだった。

二人の言葉を聞きながら、人は何ができるとかできないとか、過去何をしてきたとかではなく、その時を共有するだけで与えられるものがあり、伝えられるものがあるのだと、心から信じることができた。そんなことを教えてくれた二人みたいに、こうやって全力で人生を楽しんで、全力で人の背中を押せる人に私はなれるかな、そう思いながら私は大きな荷物を持って、最初のホステルに戻ったのだった。

直感に従う

フレイザーアイランドの旅を終えて、出発地のブリスベンに帰ってきた私は、すぐ次の目的地バイロンベイへ行く準備をする。ホステルのみんなが「どこのビーチよりも最高」と言っていた言葉が忘れられずに。ホステルのおばちゃんに時間を調べてもらい、翌日の早朝のバスで移動することにした。

翌朝、バス停を目指し出発。例のごとくたどり着くのだろうかと冷や冷やドキドキしながらも、いくつかあるバス停の中から目的地のバイロンベイ行きのバスを見つけ出す。

そのバスは小さくて、それがなぜか私の心を温かくした。車内はもう海の香りがする気がしたし、サーフボードを持って乗る人や、そのまま海にぷらりと行けそうな格好の人もいた。なんだかカジュアルな気持ちになってしまう車内から、途中現れるおもしろい光景や見たことのない景色を見て写真を撮ったり、ノートに書いたりしながらバスはのんびり進んでいった。

この旅では、よっぽど遠くない限りは陸路で移動した。飛行機は大好きな乗り物だけど、陸路での移動の醍醐味を、この旅で知った気がする。陸路で行くと出発地から目的地までの間にリアリティが生まれる。時間とともに変わる景色を見ることはおもしろかった。そこにいる人たちの生活や、人生までも感じることができるような気がしたからだ。

そして、バイロンベイに到着。例のごとくバスの到着直後は、とても不安な気持ちに襲われる。私の勇気は新しい場所に行くたびに、ゼロに戻ってしまう。毎回、その場所と人に怖じ気づくところから始まり、やっとたどり着いたバイロンベイの海で、勇気を振り絞る。ホステルはとくに予約していなかった。海のベンチに座ってサンドイッチを食べているおばちゃんに、いいホステルはないかと勇気を出して声をかけた。おばちゃんは観光案内所を教えてくれたものの、英語を理解しきれず立ち往生している私を見て、引き返して車に乗せてくれた。おばちゃんの車でホステルを回るも、なかなか居心地のよさそうなホステルが見当たらない。おばちゃんは「もし本当に見つからなかったら、家に泊めてあげるから大丈夫」と言ってくれ、おばちゃんの息子にまで電話をしてくれた。「ジャパニーズ・リトルガールがホステルを探しているの」。親子二代でそんなふうに宿を探してくれたものだから、私が二七歳の大人の女性ということは伏せておく結果になった。

オーストラリア人の温かさを真正面から受け止めながら、最初に飛行機で会ったおばあちゃんの言葉を思い出す。困っても臆せず「助けて」と伝えるだけで道は開かれる。問題がまったくない状況よりも、何倍もすてきな魔法が起こるなんて、なんてすばらしいのだろう。

「バックパッカーの一人旅」のルールは至ってシンプル。「ピン」とくればそれを選ぶし、ピンとこなかったら選ばず次に進む。何も決めずに直感を信じて、出会うべき人や情報や風景をたぐりよせていく。当たり前だけど、毎日泊まるホステルも、食べるご飯も、声をかける人も、行く場所も、何もかも、そのすべてを自分で決める。不安も、恐れも、戸惑いもひっくるめて、感じる「これ！」に気づき、その「これ！」を信じる力が試される。きっと子どものころは、そうやって決めていたはずだ。フレイザーアイランドのツアーも、あのタイミングであのツアーに参加したから、人生に残る経験と人生を変える人に出会えたのだ。これって、きっと人生も一緒じゃないかと思う。一人旅は、「生き方」を思い出す旅なのかもしれない。選んだレストランで出会う味や人、声をかけた人と生まれたハッピーハプニング、選んだルートで見えた景色など。自分の選択ですべてが決まる。旅はきっと人生の縮図だ。

ホステルも無事に見つかり、私はこのバイロンベイでの生活をスタートさせたのだった。

握りしめているもの

もちろん、ここで何をするとか、いつここを出るとか具体的なことは何も決めていなかった。最初の数日、暇さえあれば海に行って、近くに座ってぼうっと海を眺めたり、木陰で本を読んだりして過ごしていた。時間を持て余すことがとても新鮮。ここでの日課は早朝のお散歩と、カフェでゆっくり旅ノートをつけるということ。気持ちがいいカフェでつらつらと、旅で感じたこと、いま思っていること、人生を振り返って思うことなど、今ここに残しておきたい感情や想いを、時間をかけて書き留めていく。

バックパック一つで毎日を生活していると、何かを捨てるほどに軽くなり動きやすくなって、何かを得るほどに重くて動きづらくなるという、当たり前のことに気づく。何かを手にしたら、何かを捨てないといけない。いつか必要になるものは、そのいつかのときに手に入れたらいい。荷造りをしていると、あれもこれも持っていきたいと思って、「もしも……」とか、「たぶん……」とか考えてしまうけれど、このバックパック一つで旅に行くと決めたら、多くのものを捨てることができるし、無駄に増やさないこともできる。そして、一ヵ月すなわち一年の一二分の一という長期生活に必要なもののすべてが、この小さいリュックに入ってしまうことに私は驚いたのだった。同時に、大きな自分の家にある荷物は膨大で、必要でもないのに捨てられないという気持ちでそれらがどんどん増えていることにも気づく。きっと人生もそうだろう。会社という他人が決めた価値観の中で、自分が一番求めていたものではないものを手にして、それを手放せずに、人生の優先順位が変わっていくことを、私は初めて怖いと思った。

五年前の私には何もなかった。ただ、「人生をこのレベルで生きたい」という基準だけがそこにあって、万が一会社が潰れても、すごい失敗をしても「それでも長い人生で見ると、得られるもののほうがきっと多いだろう」などと考えたりしていたくらいだった。そんな私が、何もないところからがんばって会社で生き抜いて、その中で手に入れた多くのものを守ることに、いつしか一生懸命になっていた。それは仕事であり、肩書であり、給与であり、キャリアであり、常識であり、そしてそれらによって守られた日常。その中では、人は傷つくことも、孤独に思うことも、お金の心配をすることも、自分が無能だと痛感することもない。私もそうやって、いつのまにか身動きが取れなくなっていた。自分らしく生きたいと願って、一生懸命に生きた五年間。いつからか手にした、自分が「人生で真に望んでいたわけではない荷物」を守ることが目的になってしまっていたことに唖然《あぜん》とする。たった一度の人生なら、何かを守る人生ではなく、大切なモノやヒトを精一杯大事にしながら、ワクワクして何かを探す冒険の人生がいい。自由に自分らしく、その道を突き進む生き方を貫くため。

そんなことを教えてくれるのは、海辺にひっそりと佇む誰もいないカフェの、ただただ穏やかな時間だった。私は握りしめているものを手放すことで、身軽になり新しい人生を歩き始めている。この旅で、私は早くも人生の方向性を取り戻しだしていることに気づいていた。

私はひとり

バイロンベイでの最初の丸二日間、私はたった一人で、ただ街を歩き、海辺に座り、カフェで物思いにふけった。これはとてもよい時間でもあり、同時に早くも寂しさと辛さと人生の不安に向き合う時間でもあった。

人は人が必要な生き物であると、こんなに簡単に感じることに驚く。メールで「いま何しているの？」と送る人もいない、電話で「今夜飲みに行こう」と誘うこともできない、毎日決まって迎えてくれる会社やコミュニティもない、オーストラリアの海辺の街に、一人佇む。夜ご飯にこれが食べたいとか、明日はあれがしたいとか、そういうことって人と共に思い描くからうれしいのだということを痛感する。オーストラリアの地で、夕刻に感じる、言葉にならない孤独と静かな焦燥感。

日本にいれば、私はいくらでもごまかし方を知っていた。誰かといたら孤独じゃないって気になれたし、友達は多かったし、孤独ではないことを証明するようにいつも携帯電話と一緒だった。でも、今は私には誰もいないし、何もない。昼間は前向きに人生に向き合えるのに、太陽が沈む時間と共にその気持ちは少しずつ不安に飲み込まれていく。孤独は相変わらず辛くて、悲しくて、私を絶望させる。

旅の中で、何日か孤独に負けそうになる日があった。昼間から布団に潜って泣いた日、日本から付けていったカラフルなネイルが、なぜか私の気持ちを少しだけ明るくしてくれたことを、今でもなつかしく思い出す。

　このバイロンベイで私は、この旅一番の孤独を感じた。疲れが重なって、友達もできず、しかもおいしいご飯が食べられないというストレスも加わって、不安や孤独は行き場を失ってあふれ出した。今までの人生でもそういう時は、決まって理由のない涙があふれてきた。なぜ私には、昔から悲しいことや不安なことがあるのだろうか。私はこのバイロンベイで、この涙に向き合ってみようとした。

　そして私は気づく。「あぁ私は、でもこの孤独とずっと生きてきたな」と。私の人生をここまで作り上げたのは、思い返してみれば、この「孤独」という感情だった。特殊な環境で育ち、その後定住した千葉の田舎の人たちと、私は明らかに違った。だからこそ、保育園から中学校まで、「咲ちゃんはみんなとは違う」と言われたし、どこまでも認められていない気がして、孤独を感じてきた。母は私を妊娠したときに、父方の祖母に反対されながらも私を産んだ。そのプレッシャーの中、母は私をどうにか立派な人間に育てようとしてくれた。その中で、私は努力しても努力しても、厳しい母に認められていないと感じることが多かった。

「個性をわかってくれる人が必ず現れる」「親はがんばりすぎる私を心配してくれた

だけだよ」って、今だったらわかることも、当時は自分のことに精一杯でわからなかった。がんばり続けることで、いつかみんなが自分を認めてくれる日が来ると信じて前を見ていた。誰に認められたら私は楽になれるのだろうともがきながら、それでも前に進むしかなかった。どんなに苦しくても、みんなが褒めてくれるこの笑顔が消えたら、私の価値は本当になくなってしまう気がして、この笑顔だけは消すまいと、歯を食いしばって笑って生きてきた。本当はとても弱くて、でもそれを口に出したら積み重ねたすべての努力が崩れてしまう気がして、悩みのない顔をして、笑って、人より努力をして、成果を出すこと、それが私の生きる術《すべ》だと信じてきた。でも、必死に積み重ねてきた「すごい咲ちゃん」は、こんなに努力しても、自分自身を認められないことで、孤独を一層深いものにするばかりだった。

　そんな私が、その孤独を乗り越えられ、自分を認められたのは、仕事での達成経験と、だんなさんである森ちゃんとの出会いがあったからだと思う。「何もできなくても、笑っていなくても、咲ちゃんは咲ちゃん。いてくれるだけで、ほら僕はこんなに幸せだよ」と、いつでも言葉で、行動で伝え続けてくれた森ちゃんの支え。私はいつのまにか、孤独ではないと思えるようになっていた。がんばってきた私の肩の力が抜けたら、親や周りからどんなに愛されていたか、ストンと腑に落ちて認めることができた。

そんなことを考えながらも、またこの街で感じる深い孤独。どうせだからごまかさず逃げずに、この孤独を感じ、孤独に寄り添ってみた。そうすると、なんだかわかった気がした。「私はこの孤独と生きてきて、そして、これからも孤独と共に生きるのだ」ということが。「結局、人は一人なのだ」ということを知るほうが、むしろ健全なのかもしれない。人は、一人だから人に優しくできて、一人だから人を大切にできて、一人だから人とつながることができる。人と一〇〇パーセントわかり合いたいということは、エゴでしかないのかもしれない。だからこそ、私は森ちゃんと一つになろうと、一生かけて歩み寄ろうと努力する。わかり合おうと話をする。

人は一人では未完成が当たり前。誰かと歩み寄って、世界が成り立つ。そんなふうに思うことができた。

孤独は大切なものを私に教えてくれる。そんなふうに考えられた一人旅の夜。この孤独を癒やせるのも、他ではない私自身なのだと思ったら、心が穏やかになった。

この日は、がんばっている自分を癒やすために、街にある、少し入りづらいと思っていたお寿司屋さんに入り、お寿司をテイクアウトして部屋で食べた。とっても小さな出来事だけれど、その時の自分のほんの少しの勇敢さが誇らしくて、また少し部屋で泣いた。私はこれからも自分と生きていくのだ。そう思うと、自分を愛おしく思う不思議な感覚に包まれた。今日までは一人部屋。明日からは、同じホステルのドミトリーに泊まって、友達を作って、またもっと楽しいことをしようと眠りにつく。「ひとり」と向き合ったとき、私は孤独と違う付き合い方を始められた気がする。

幸せの感度

翌朝、早速今日からドミトリーに泊まることを、ホステルのスタッフに伝えて鍵をもらう。そうすると、スタッフの一人が、今日スイスから友人が来たと紹介をしてくれて、カタコトの英語でなんとか話をする。私のオーストラリアでの会話の七割は言語ではなく、ボディランゲージなどのリアクションという非言語コミュニケーションだったと思うが、このころはとくに英語にも慣れていなかったのでひどかった。それでもホステルのみんなと私は仲良くなった。すごい刺青とピアスで傍《はた》から見たらとても怖そうな人もいたけれど、じつはシャイだったり、何かに一生懸命だったり、笑顔がすてきだったりして、それぞれ個性的で話が弾む。

ホステルのスタッフが、「これから一緒にサーフィンに行こう」と誘ってくれた時には、なんだか得体の知れない一体感があって、みんなが久々に集まった親戚みたいな空気感に包まれていた。やったことがないけれど、「やる！」と答えて、その不思議なメンバーとサーフボードを借りて、ジュースを買って、ランチを買いだしして、どこまでも輝く遠浅のバイロンベイの砂浜を、長いサーフボードを持って歩いた。サーフィンはとても難しかったけれども、やるからには波に乗りたいし、誰よりも上達したい。私ともう一人の初心者のためにサーフィンの即席レッスンが始まり、私はそれにかぶりついた。そして、その仲間内五人の中で一番波に乗れる生徒になった！

こういう単純なことでも、いちいち自分という人間に出会うことができる。何かを始めたら極めたくて、人並み以上にやりたくて、のめり込む。「私らしさ」に、この何気ない毎日の中で出会っていく。三〇年弱生きているのに忘れていた、好きなもの、得意なこと、褒められることに改めて出会い、驚いたり喜んだりすることは、とても贅沢なこと。

サーフィンを終えて、今夜はみんなで飲みに行こうと話して、一旦解散する。このメンバーとバイロンベイの後半はずっと一緒にいた。みんなで雨の中、岬に奇跡みたいな朝焼けを見に行ったり、ライブに行ったりして過ごす中で、私は幸せについて考えた。

もちろん考えるのは、いつだって、驚くほどおいしいカプチーノが飲めるこの街の海辺のカフェ。私のノート越しに見える、店内やテラスの外を通る人々から伝わってくるのは、私が知っていた次元とは違う「幸せの感じ方」。それは、私にとって衝撃に近かった。たとえば、どこにでもあるカフェで、どこにでもいそうな店員さん。でも、そこで働いている人たちは日本とは全然違った。店内で飲むかテイクアウトかと聞かれ、「店内」と答えると、「Wonderful!（すばらしい、最高!）」。何を飲むかを聞かれて、「カプチーノちょうだい」って言うと、「Beautiful!（すてきね、美しいわ!）」。最後にカプチーノを運んできて、極上の笑顔とウィンクで「Here you are（さあ、どうぞ）. Enjoy!（楽しんでね〜!）」。

この美しいカフェのお姉さんは、自然にそうやって働いている。お客さんの顔を見て、微笑んで、話しかけて、お茶を出して……。そのすべてを、お客さんを楽しませるためだけではなく、本人も心から楽しんでいるようだった。だから、そのプラスのエネルギーに私も存分に巻き込まれてしまう。そして、そんな店員さんはこの人だけじゃない、この街で働いている人は、仕事と自分の生き方を分けていたら絶対にできないような笑顔をする。お店に入れば、目尻にシワをたくさん作って、笑いながら「Ｈｅｌｌｏ！」、服を買えばその服を見て心底感動して「その色は本当にきれいだよね〜」、ジュースを買えば、あっと気づいたように「これ私も大好きっ！」、サーフボードを借りれば親指を立てて「人生最高の日になるよ！」、みんな心からそう思ってくれていて、本当にうれしそうにそれを伝えてくれる。そしてそこから、人と人との会話が自然に始まる。幸せって、あぁこういうものだったなぁ、ということを、その度に私は、なつかしく思い出す。

私たちは、間違いなく幸せになりたくて、一生懸命に働いてきた。でも、幸せは毎日の中にあることを、私達はどこかで忘れてしまった気がする。目の前にいるのは理屈や理論ではなく、ただ毎日を幸せに生きている人たち。人と人がつながるということ、目の前の仕事を楽しむこと、目の前の人とそれを共有すること……私たちが忘れていた、そんなシンプルな日常が生み出す幸せの大きさを教えてくれる。

日本には、幸せになるための本はたくさんある。経済的に豊かになるため、昇給するため、老後のため、多くの人が「結果」を出すため、人生のすべてを注ぎ込んで生きている。でも、夢にまで見た「結果」が手に入っても、幸せではない人もたくさんいる。私もそうやって生きてきた部分は少なからずあるかもしれない。

でも、プロセスを大事にするオーストラリアの人たちに出会って、改めて日々のスタイルを大切にする生き方をしようと思えた。今の自分にパワーがないと、自分の夢は叶わない。私は、いつかの未来に幸せを求めて、今を犠牲にするのではなく、今やりたいことをやって、幸せに生きる理想の毎日を生きたいと思った。そして、私もこんなふうに日本で、毎日の中に幸せがあることを、自分の生き様で、多くの人に伝えようと、おいしすぎるカプチーノを飲みながら誓ったのだった。

子どものように生きる

バイロンベイを発つことを決めたのは、友達もできて楽しくなってきた三日目の夕方。「明日の夜か、明後日の朝には次の場所へ行こう」とバスを調べる。もちろん後ろ髪を引かれながら。でも、楽しいからといって、ここに居続けても私の旅は前に進まない。私にとってこの旅の目的は、「新しい自分に出会うこと」。楽しくなってきたということは、この場所にも慣れてきたということ。だからこそ、そろそろ次に行かなくてはと思ったのだ。

四日目の夜、新たに仲間に加わった日本人青年も含めたホステルのみんなと、ヘビメタのライブに行って、飲んで、騒いで、みんなに別れを告げて、私は一人深夜のバスに乗り込んだ。目指したのはオーストラリア最大の都市・シドニー。そう遠くないその場所を目指して、うつらうつらしながらトイレ休憩の度に目を覚ます。雰囲気が少しずつ変わる夜の街灯をぼーっと見つめながら、いつの間にか眠りについた。そして、目が覚めたらそこには都会のがやがやとした風景が広がっていた。乗客のほぼ全員がシドニーでバスを降りる。すでに毎度のことながらホステルを予約していなかった私は、バスを降りて背伸びをしてシドニーの空気を吸い込み、ぷらぷらと歩きながらホステルを探す。

もう少し、こぢんまりとしたところが良かったかもしれないなぁと思いながらも、全体的に明るくて雰囲気がいいホステルで、私はドミトリーの部屋を押さえたのだった。バスでの移動が便利で路線がとても充実しているオーストラリアは、バスが着く時間のホステルの受付はとても混んでいた。レジの列に並ぶさまざまな人たちの頭を見ながら、「今度はここでどんな人たちと出会えるだろう」と、私は思わずワクワクしていた。部屋に入ると、そこにステイしている女の子たちの寝息がまだ聞こえてきた。今がかなり朝の早い時間だということに気づき、静かにガイドブックとお財布だけを持って部屋を出る。この街のカフェはどんな感じだろうと、街を歩きながら気に入るカフェを探した。

バスで適当な場所に着いて、適当にホステルを探して、適当に歩いてここにたどり着いた私は、よく考えたらここがシドニーのどのあたりなのかを知らなかった。ガイドブックを持って、店員さんに唐突に「ここはどこですか？」と尋ねるものの、店員のおじいさんはあまり状況をつかめないようで、奥にいたかわいいタイ人の女の子の店員さんが私に話しかけてくれた。聞きたいことにすべて答えてくれ、それ以外にもいろんなことを教えてくれる。その女の子は私に、「よかったら明日の夕方から一緒に遊ばない？　私がシドニーを案内してあげる！」と言ってくれた。こういう出会いがあるから旅はおもしろい。私はふたつ返事で「ぜひ！」と伝えて、連絡先と明日の待ち合わせ場所を指定してもらい店を出た。

その日は、とにかく一人でシドニーの街を歩いて回った。この旅で唯一、事前に連絡していた先輩がいて、その人とシドニーで会う約束をしていたのだった。シティサイドには長くいるつもりがなかったので、翌々日の朝にはシドニーを発とうと決めていた私は、翌日その先輩に会った。

その先輩は、シドニーの見どころを全部私に教えてくれた。そして、オーストラリアにおいしいご飯があるということを証明してくれた人でもあった。到着の翌日に回ったシドニーは想像よりもずっと刺激的で、おいしくて、楽しかった。その時はまだ日本でも有名ではなかった、世界一の朝食を出す「ビルズ」の本店から始まり、ボンダイビーチやワトソンズベイ、オペラハウス、フリーマーケットを巡った。今までの旅とはまた違い、とにかく快適でおいしくて、楽しくて幸せだった。その後、昨日のカフェで出会った女の子とご飯を食べて、夜景を見て、お酒を飲んだ。そんなふうに全力で一日を無邪気に楽しんだ。

帰りにつかまえてもらったタクシーの中で、機嫌よく鼻歌を歌いながら、少しの間遠く離れた日本を思う。日本にいたら、たくさんの情報が耳に入り、日々の仕事や締め切りに追われながら、多くの人といろんな話をする。考えなくてはと思うほどに、頭が痛くなる。考えなくてはいけないのに考えられない自分の存在に不安になったりもする。

仕事を辞めて何もなくて、英語のわからない私にとって、外国にいるということは子どもに戻るようなものだった。難しいことはわからない。そもそも簡単なことも伝わらない、聞き取れない。そんな中で私たちの思考は言語と比例していく。ただ自分がうれしいということをこんなにも伝えたいともがくのは、いつぶりだろうか。ただ相手の言葉を理解したいと、こんなにも相手を思ったことはあっただろうか。言葉じゃなく気持ちで伝えるこの感覚は、子どものころの感覚と似ている。一緒に笑えるのがうれしくて、わかってほしくて、わかりたくて、全身全霊で伝え、うなずいて、笑う。

日本で、携帯を横目に友達と会話しているときとはぜんぜん違う、お互いに対する熱意のあるコミュニケーションがそこにはあって、だからきっと心が伝わる。そうやって過ごしていると、相手の心も、自分の心も感じられるようになる。子どもみたいに「心を感じるチカラ」が私に、自分が何をしたいか、何が好きか、誰といたいかを教えてくれる。やっぱり私は、いつでも心に従える素直な自分でいたい。子どものように感情を表現するということは、多くの人が求めているのだと思う。私は感情を表現することこそが、生きるということなのではないかと、このオーストラリアで確信した。

翌日、電車で次の街、メルボルンへと南下する。シドニーを思いっきり楽しんだという満足感と共に。

私の選ぶ言葉や選択はいつだって
わがままで自分勝手かもしれない。
それでも自分らしく生きるしかない。
それが私なんだから、といつからか
自然と思うようになっていた。
誰かの生き方は誰かに任せよう。
他人に理解できないような人生だってすてき。

私の周りにいる人たちは
そんな私の奔放さを愛してくれた。
それがあなたのパワーだと褒めてくれた。

わがままを諦められない代わりに磨いてきた
それを叶えるための力と心。

もしかしたら、私は「こうしたい」の
諦め方を知らないのかもしれない。

幸運なことに私の周りにいる人たちから
それを学ぶことはできなかった。

誰かに昔言われたことを思い出す。

自分のわがままを全部通したいのが子ども
自分の一つのわがままを突き通すのが大人。
わがままが一つもないのはつまらない大人だと。

きっと私は、つまらない大人にはなれない人種だ。

周りにいてくれたすてきでクレイジーな
愛すべき人たちのおかげで。

別れがあるから始まりがある

ブリスベンから大陸の東海岸側を南下していた私は、シドニーからさらに南のメルボルンへと移動する。

世界の住みたい街ベストテンに入るという、このメルボルンの街は、ヨーロッパのような美しい街並みが続く。静かに歴史や文化やいろんなものを包み込むような美しいメルボルンの街。予約していたホステルにチェックインだけして、太陽が昇り暖かくなった街を感じながら、どこまでも歩いて、疲れたら無料のトラムというバスに乗って、昼ごろに一度ホステルに戻った。

そのホステルで出会ったのが、日本人の男の子Ｓｈｉｎｇｏと、Ｓｈｉｎｇｏのルームメイトの台湾人のカップル。彼らと、このメルボルンでずっと一緒に過ごすことになる。人の出会いってすごいなと単純に思う。さっきまで知らなかった人たちと一緒に街を歩いて、音楽を聴いて、ご飯を作って、お酒を飲んで、明日どこに行こうかと考えている。こうやって無邪気に笑い合えることで、人とのつながりに、時間も、国も、性別も、年齢も、何もかも関係ないことを教わる。短い時間で完璧にお互いを知り合えたなんて思えないけれど、彼らを心から信頼し、年下の彼らを本気で尊敬していた。私はこうやって、これからもまっすぐに人と向き合って、人を信頼して、人を尊敬して、人に影響されて、影響を与えて、そんなふうに生きていきたいと思わせてくれた人たちだった。

楽しい時間は夢のように過ぎていった。この場所は今回の旅一番の目的地、エアーズロックへの経由地のため、シドニーで押さえたツアーの関係で、出発の日程が唯一決まっている滞在だった。気がつくとあっという間に四日目の別れの朝を迎えていた。次の場所は、オーストラリアの真ん中にある、かの有名なエアーズロックの入り口、アデレードという街。飛行機に乗るために朝早く出発する私を、三人の仲間がトラムを乗り継ぎ、空港行きのバス乗り場まで見送ってくれた。

最後のバイバイを言わなければいけないとき、みんなとハグして、真正面から顔を見たときにポロポロと涙が出た。それでもバスは出発する。涙で頬を濡らしながら笑顔で別れを告げて、なんとかバスに乗り込んだ。

この旅で私は、誰かと一緒にいるということを求めながらも、ずっと同じ誰かと一緒にいるということをしなかった。旅の中で別れの存在は、やけに目立つ。でも、別れて前に進むから、次にまた出会いがある。私は肌の感覚でそれを知っていった。楽しくても、居心地がよくても前に進まない限り、私たちは成長することも、誰かと出会うことも、何かが起こることもない。今もオーストラリアで、過去の私から未来の私へと、新しい自分に出会えているのだ。

——あのとき、偶然に出会ったあの人が——

なぜだか私の背中を押してくれた。
自分らしく生きる勇気をくれた。

私たちは出会っても、出会わなくてもよかった。

でも、出会って言葉を交わして
長い人生から考えたらたった一瞬の時間を過ごした。

そして再会ではなく
お互いの未来を約束し合った。

あの旅で出会った中で、一人として今
一緒にいる人はいないし、もう一度会える人も
きっとほんの一握りしかいないだろう。

それでも、自分の人生の中に彼らがいる。
そして、今の私をどこかで支えてくれている。

こうやって人は人の中できっと永遠に生き続ける。

通り過ぎていく時間の中で出会った
彼らの言葉や空気が私の記憶の中にある。

あの日をこうやって思い出すように今日も
お互いの忘れられない未来の記憶を
私たちは今創っているのかもしれない。

手の中の未来

オーストラリアへの到着時以来、初めての飛行機での移動。アデレードを見たとき、その大地のパワーに私は息を飲んだ。嘘だと言いたくなるような鮮やかすぎる大地と緑のコントラストに胸が高鳴る。いよいよアデレードのホステルに着き、そこからの送迎バスで、二泊三日のエアーズロックツアー出発地のホステルまでどんどん道を進んでいく。その光景は、ずっと叫び続けてしまうくらい、日本とはまったく違う世界の美しさが広がっていた。整備されきっていない道に揺られながら、目指していたエアーズロックを、たった一人で目前にしているという事実に改めて驚く。人間思い立てば、何でもできるものだと妙に感心してしまう。エアーズロックへの玄関口のホステルに到着し、荷物の整理を終え、ホステルの庭から見える、見事なまでに赤い夕日を眺めて感慨深くそんなことを考えていた。

いよいよ明日からは、この旅で一番楽しみにしていたエアーズロックのサファリツアー。夜明け前の朝五時に出発なので、ほぼ全員が早めに寝ようと二一時にはベッドに入っていた。眠れない女の子たちの話し声を聞きながら、私は意外にも早く眠りに落ちた。

まだ外も真っ暗な時間、このホステルに泊まるのはエアーズロックにツアーで行く人がほとんどのため、みんなもぞもぞと起きだし、荷物をまとめる。眠い目をこすりこすり、勝手に食べていい食パンに甘すぎるジャムを塗って食べながら、薄暗いホステルの外でバスが迎えに来るのを待つ。ツアーにはいつも思いがけないすてきな出会いと、青春のようなキラキラした時間がぎゅっと詰まっている。誰の顔もよく見えないくらい薄暗いホステルの外で、今回もきっとすごいツアーになるのだろうと、心の中がいい感じにザワザワするのを感じる。

予定されていた朝五時四〇分を過ぎて、ようやく予約したツアーのバスが迎えに来た。カタコトで呼ばれた名前に返事をして、荷物を積み込んで、バスへと乗り込む。このバスでたまたま隣に座ったのが、三〇歳の日本人、Ｋｅｉｋｏだった。Ｋｅｉｋｏは一見物静かそうだが、私に夢を諦めないことのすばらしさを教えてくれた人だ。Ｋｅｉｋｏは高校生の時、先生にエアーズロックの話を聞いてから一〇年以上もの間、エアーズロックに行くことが人生最大の夢だったという。そしてＫｅｉｋｏは、その夢を叶えるために、三〇歳のラストチャンスに大好きだった仕事を辞めて、ワーキングホリデーでオーストラリアに来たのだという。バスもかなり走ったころ、その話を聞いて鳥肌が立った。それって本当にすごいこと。いま私はこの地で、隣にいるＫｅｉｋｏの一〇年来の夢が叶う瞬間に立ち会おうとしているのだ。私は自分が座っていた窓側の席をＫｅｉｋｏに譲った。夢や純粋な想いは、周りの人に、何か協力できることを自然にさせてしまうパワーがある。私たちは自分の夢のようにＫｅｉｋｏの夢が叶う瞬間を待ち、目の前に見たことがない景色が飛び込んでくるたびに歓声をあげた。

天気は最高。途中どんどん土の色が濃い赤になっていき、空はどんどんその青の鮮やかさを増していった。ついにまっすぐ進む道路のすべてが真っ赤になる。こんな景色、こんな色合い、本当に見たことがない。世界にはまだ見たことのない世界がたくさんあるのだと私は興奮しながらバスの外を見つめ続けた。

私たちはいくつかの経由地を見学して、いよいよ今日の最終地点であり、Ｋｅｉｋｏの夢の場所でもあるエアーズロックを目指す。そして、たくさんのバスが止まる少し離れた場所から、夕日に染まりかけたエアーズロックに対面したのだった。エアーズロックは世界で二番目に大きい一枚岩である。先住民のアボリジニの聖地であり、ウルルと呼ばれている。エアーズロックが聖地であることを知らない人がここに連れてこられても、この岩山が特別な場所だということは肌でわかるだろう。アボリジニの聖地はそれくらい、離れていてもパワーが力強く届いているように感じた。Ｋｅｉｋｏは最初こそ、声をあげて喜んでいたものの、すぐに黙ってその姿に見入っていた。ただただエアーズロックを見つめ、そのパワーを誰よりも全身で感じようとしていた。エアーズロックは時間と共に、どこまでもどこまでも、深く赤く染まっていった。赤く燃えるようなその姿は神秘そのもの。私たちは日が暮れるまで、その場所で時間も忘れて眺めていた。

この短い時間の中で、私の心が満たされていること、隣で今Ｋｅｉｋｏの一〇年来の夢が叶っているということ、私の心に「失うものは何もないから、挑戦したい」という気持ちがあふれていること、そのすべてが想像もしていなかったギフトだった。私は、自分の心の中にある未来を必ず実現させようと、その涙が出るほどの光景を見て思ったのだった。

聖地との約束

長かった初日が終わる。私たちは、キャンプサイトに着いて、野外に寝袋を敷いて寝るための準備をした。疲れにも負けず、わいわいご飯を食べて、笑って、はしゃいだ時間から一転、それは私にとって予想もしなかった衝撃的な夜となった。夕食後に楽しく焚き火を囲んでみんなで話をした後、ガイドの二人から明日のことについて、説明を受ける。それは明日のエアーズロックでの過ごし方についてだった。彼らが言うには、明日の午前中のアクティビティのチョイスは三つある。

一、ハーフウォーク：エアーズロックの周りを半分ゆっくり歩く

二、フルウォーク：エアーズロックの周りを一周歩く

三、エアーズロックに登る

そして、「エアーズロックはアボリジニの聖地であるため、できれば私たちは登らないでほしいと思っている。ガイドも登らない」ということをはっきりと伝えられる。しかも、登山中の事故が多く、たくさんの人が亡くなっているということも。話を聞いた後、ほとんどの人は寝てしまったが、私を含めた七人くらいは明日登るのか、登らないのかをめぐり大論争となったのだ。

「Ｓａｋｉは登るの？」と聞かれたときに、私は少しぎくりとした。そこには、深くは考えていなかった自分がいた。「登りたいな」としか思っていない浅はかな自分がなんだかとても恥ずかしかった。さっき会ったばかりの人たちが、相手ではなく、相手の「意見」に対して容赦なく自分の意見をぶつけていく。「エアーズロックの周りに行くこと自体、リスペクトをしていないことだから、ここまで来たら、登ってもい

いと思う」「おまえは尊敬している画家の絵をベタベタ素手で触るのか?」「僕は単純にそこに登りたいのだ。そのために来た！」「その文化を知っていたらやらないはずだ！　信じられない」

自分の意見を持って、それをぶつけ合うその場面で、私はその後何も言うことができなくなった。きっとこの人たちは、ＹＥＳかＮＯか、その理由を小さい時からしっかりと求められて、それを主張して生きてきたんだろう。英語が話せないというだけじゃなく、ＮＯとも言えず、意見を伝えることもできない私。とにかく私はちゃんと考えなくてはと思った。議論には正しい答えはない。大切なのはそれを受け止め、ちゃんと向き合うということ。もう一度リセットして考えよう、と心に決めて、「考えるチャンスをくれてありがとう」とだけ伝えてその議論の輪を後にした。

なんだか長い夜だった。でも答えは出なかったし、登らないことが多分正しいのだろうと、そうしようと思って朝を迎えた。私たちのツアーはかなりアウトドア派なので、星空の下テントもなく、そのまま寝袋を地面に敷いて寝る。夜は月がまぶしいくらいだったが、翌朝起きてみると月だけがいなくなっていて、真っ暗闇の空に今度は無数の星が小さく、けれどもうんと強くまぶしいくらいに美しく輝いていた。

朝五時前のその星空の下、いよいよエアーズロック二日目の早すぎる朝が始まった。まだ薄暗い中、ぼんやりと見えるエアーズロックを目指しバスが暗闇を走っていく。朝日に照らされるエアーズロックを見に行った後、いよいよ麓へバスで向かう。ハーフウォークのスタート地点でツアーの約半分の人たちが降りて、フルウォークの地点でほとんどの人が降りる。昨日の話し合いでまだ答えは出なかったけれど、私も直前までフルウォークの地点で降りるつもりでいた。でも、その場所でどうしても私の体が動かない。昨日の話で私はたくさん考えたし、登らないことが正しいとわかっていた。そして、この場所では昨年も登山でたくさんの人が亡くなった。それでも私には、この場所に来て、このエアーズロックに登らなくちゃダメだという強い想いが押し寄せる。エアーズロックを見上げて、昨日のように曖昧な気持ちではなく、はっきりそう思えて、私はバスに残ることを決めた。申し訳ない気持ちと、「エアーズロックに登らせてください」という、祈るような気持ちを胸に。

結局バスに残ったのはドイツ人の男性二人と、スペイン人の男性と私だった。登頂の決意をしたものの、エアーズロックは強風や気温、雨などさまざまな理由で登れない日もかなり多く、当日ゲートのところに行くまで登れるかどうかわからない。バスでそのゲートを目指し、オープンかクローズと書かれているプレートを見ようと、バスに残ったメンバーは目を細める。ようやくそこに書かれた文字が読めるくらいまで近づいた瞬間に見えたのは、「OPEN」の文字だった。四人とも胸を撫で下ろし、バスを降りて壮大なエアーズロックを目の前にする。

思っていた以上の絶壁に、私の心は思わず恐怖と不安に占領される。高い岩場で垂直に近い崖のような山を、鎖一本を頼りに登る。両親と森ちゃんにはせめて「おかげで私は幸せでした」と一筆残してくればよかったと思うほど、その道程は険しかった。私は、ヨーロッパ人の男性たちと少し距離を置き、本当に涙ぐみながら慎重に登った。黙って、息を飲みながら、冷や汗をかきながらのエアーズロックの登頂は、私にとって本当に大きな経験となった。登りながら、私はエアーズロックのパワーをもらっているような気分になった。登ったからには、このもらったパワーで必ず世界に貢献できる私になると、静かにエアーズロックと約束した。頂上付近の高い高い平地を、汗をかいて歩きながら、「きっとこれでよかったのだ」と思った。バスの中で感じたようなプレッシャーはもちろん、そこには一切の後悔も、後ろめたさもなかった。間違っているか正しいかはわからない。でも数年後に、あの時、私がここに登ってよかったと心から思える未来を、これから生きていきたいとだけは、強く確かに思えた。

やっとたどり着いた、エアーズロックの最終地点。強い太陽の光を浴び、強風に吹かれたそのとき、ものすごい勢いで、私に想いが湧き上がった。「意志をもって生きる人を増やしたい」。私がそうだったように、人は、もっと自分らしく、もっと人とオープンにつながり、自分の心に耳を傾ける生き方ができるはずだ。私はそう確信した。そして、「人の可能性を解放することを、私の目指す生き方とし、自分がまずは自分らしく自由に生きられることを証明する生き方をしよう」と、気がつけば、私は聖地に誓っていた。

聖地の最終地点を後にして、来た道を引き返していく。足場の悪い道を歩きながら、私の中にはたくさんの想いがあふれていた。「とくに女性に対して女性の新しい生き方・働き方を提案して、多くの女性の目標・希望となれる人になろう」「まずは、それを個人で始めて、ビジネスの世界で勝負をしよう」。湧き上がる強い想いとエネルギーが、私の心を突き動かしていくのを感じる。まだまだ朧《おぼろ》げではあるけれど、自分が目指したい場所は、少しずつその輪郭を私に見せてくれている。

この旅も残すところ三日となった。ここで見つけた私の未来を、今度は形にしていく新しい旅が、もう始まろうとしている。

オーストラリアがくれたもの

私は旅の最終目的地、西海岸パースへの飛行機に乗り込んだ。窓から外を見ると、もくもくとボリュームがある表情豊かな雲と空。この旅の間、私はこの美しい光景に何度ため息をついただろう。私の人生が大きく動き出した旅が、もう終わろうとしていることに無性に寂しさがこみ上げた。切なさに胸がざわつくほど心が苦しい。「日本に帰るのだ」。そう思うと、まだ一ヵ月も経っていないのに、遥か昔のことのように日本での思い出がどっと私に押し寄せる。

私はこの旅で、ノートにその時感じたことを綴り続けた。人生や毎日を振り返り、ノートに記録することは、人生と向き合う作業だった。「答え」も「未来」も、すべてノートに書かれていった。人生の中で見過ごしていただけで、大切なことも、歩む道も、何もかも結局自分は知っていたのだと、二冊の旅ノートは教えてくれた。だからこの日も、最終地点のこのパースのカフェで私はノートに、一生懸命今の気持ちを記していく。少しも忘れないように。未来の私に、今の高鳴る気持ちがいつまでも残りますようにと、願いを込めながら。

旅の始めは、いろんなことを考えた。会社に対して、自分の今までの人生に対して、ネガティブにしか考えられない時もあった。でもすっかりこの旅で、それが浄化されていたことに気づく。自分に向き合って冒険をした私の中に残ったのは、起こったすべてのことと、出会ったすべての人への感謝。社会人一年目はもっと、学生の頃はもっともっと自信がなかった私は、旅をして一つのことに気づいた。「すでに自信は私の中に存在している」と。

信じることができなかった「自分の価値」を、会社で過ごした五年間が教えてくれた。人生は自分自身が創りだすものだと教えてくれた、前職の近藤さん。数千万円の予算の全権を与えて、私が自分自身を超えていく後押しをしてくれた経営陣。「咲さんについていく！」、そう言って新卒の一年目を私に委ねてくれ、どんなにハードでも私を支えてくれた後輩たち。「咲さんに憧れて」、純粋にそう言ってくれた、多くの学生たち。

私は、駆け抜けた時間の中で出会った人たちと、この五年間、「全力」でなければ決してたどり着けないたくさんの「絶景」を見てきた。それは私の何にも代えられない財産。だからもう私は、この一生懸命がんばってきた自分自身を疑うことはしたくない。

オーストラリアで私が見つけたものは、あっけなく肩の力が抜ける程の事実と自信だった。それは、必死に大切にしてきたキャリアなんかよりも、大切なものが人生にはあって、それは私にとってまっすぐに自分の人生を歩むことなのだということ。自分に嘘をつかず、自分の人生を生き抜くことよりも大切にしたいものは、この世界にはなかった。いつのまにか手にした、目の前の、大して大事ではないものを失うのが怖くて、私は自分の人生を失いかけていた。でも、何もなくなった今、この大自然の中で手放しで考えたときに、一番大切なものだけは失いたくないと強く想った。それが今の私のすべて。そして、「どんな失敗や挫折をしても、今の日本でどんなに大変でも、路頭に迷う事もなければ、食べ物がなくて死ぬ事もない」という、どっしりとした気持ちが私に湧き上がる。「死にはしないから大丈夫」。たくさん人に認められてきても自信が持てなかった私は、自分に自分でその言葉をかけることができるようになった。

たった一ヵ月の短い時間で、オーストラリアが与えてくれたのは、そんなふうに言い放てる陽気さと強さだった。

帰国、未来を心に刻む

オーストラリアの最終日。私は朝早く起きて辺りを散歩しながら、気持ちのいい公園のベンチに座って、ノートを膝に置いて、オーストラリアの空を見上げて、コーヒーを飲む。そして、「この旅は、人生のホリデイだったなぁ」と、なつかしくまぶしく振り返る。人生に立ち止まり、人生を考えるにはベストとしか言いようのないタイミングで私はここに来た。そして、トラブルも含めて出会いのすべてがパーフェクトだと言える私だけの旅をした。

この旅で、もっと自分自身と仲良くなり、人生がぱっとひらけた気がした。自分の中に疑うものも、怖がるものも、怯《おび》えるものもない。あるのは、「こうやって生きたい」という凛とした意志だった。人は誰もが自分の価値、やりたいこと、好きなこと、進むべき道を知っている。あとは、直感や感性という自分の声に、素直に耳を傾けられるかどうか。シンプルなことなのだ。

「素直に生きる。人とつながる。心の声を聞く」。そう生きた先に、モノでは埋められなかった幸せが、ひょっこり現れると私は思う。それがこのオーストラリアの大地と人が私に教えてくれたこと。これから新しい時代、働き方、生き方がきっと始まる。この旅の終わりは、私の本当の意味での人生の始まりだ。そう穏やかに思いながら、次の目的地に行くような足取りで、日本への飛行機に乗り込んだ。

第四章

そして始まり

始まりの合図

帰国後、私はエネルギーにあふれていた。多くの人たちが私の突然の退社と、オーストラリアへの旅のことを、ソーシャルメディアを通じて知っており、帰るなり多くの人から「会いたい」と連絡をもらった。報告も兼ねて会っていった大切な人たちに、今までとこれからのことを話すと、決まって「パワーアップしたね」「今の咲ちゃんなら本当に何でもできそう」と言われたりした。謙遜もできないほどの、この湧き上がるパワーを私自身も強く感じていた。

私は、オーストラリアで感じたことをブログで書いて発信することにした。すると、たくさんの人たちからレスポンスをもらい、「世の中の多くの人たちは、挑戦すること、夢を持つこと、自分らしく生きることを求めていて、同時に、できないと思っている人がとても多い」ということを感じたのだった。だから私は、「自分らしく生きるシンボルになりたい」と思った。そのパワーとエネルギーは、思わぬ方向へと突き進んでいった。

日本で過ごす毎日の中で、少しずつ「できないことは何もない」という強い気持ちが湧き上がってきた。「この気持ちを、みんなで共有する場を作りたい！」。その時にピンときたものが、「野外フェス」だった。仲間が集まれば、どんなことでもできるということを証明したい、という想いで思い当たる人たちにかなり強引なメールを送った。思い立ったが最後、気がついたら私は、かなり本格的に仲間集めをしていた。その時の私は、「できない」可能性なんて考えられなかった。後になって思えば、野外にしなければあそこまでの苦労はなかったのに……と思うのだが、都内のクラブを借り切ってのイベントなどは、まったく考えられなかった。「大地からのエネルギーと、みんなのエネルギーがあふれるような野外フェスをする」という以外の選択肢はなかった。

最初に話した何人かの人たちに反対されながらも、難易度の高い野外フェスに舵を切り、難しいことに挑戦するのが人生の醍醐味と言わんばかりに、プロジェクトをスタートしたのだった。どんなに難しいプロジェクトも、メンバー次第で絶対に成功できるという確信をもとに、私は、「この人！」と思える仲間たちに声をかけていった。もちろんみんな、企業で働いていたり、中には起業したばかりの経営者や税理士、プロのダンサーもいて、最初はみんな口をそろえて絶対無理だと言った。でも私の中にあった「みんなの力を合わせれば、できないことはないということを、証明するフェスをしたい」という湧き上がる想いをパワー全開で話すと、その想いに一時間もすれば観念してくれたのだった。最初のミーティングでは、「これ本気でやる感じ⁉」などと騒ぎながらも、みんなの人生を揺るがすほど迷惑な企画は始まってしまった。明確な始まりの合図も論理的な説明もなく。

完成されたフェスに当日参加するだけの形ではなく、プロセスに関わって自分も一緒に創っていける新しい形のフェスをしようと決めた。「参加してくれたすべての人の可能性が広がるようなフェスを創ろう」。熱い想いを持ってのスタートとなった。ソーシャルメディアを活用し、チケットを買った参加者がこのフェスを創るという、今までのフェスにはなかった新しいプロセスを導入。題して「みんなで創る野外フェス」。自分が舞台に立つことも、アーティストを決めることも、屋台を出すこともできる、全員が参加者であり主催者という次世代のスタンスを表現した。

通常一年以上の準備期間を費やすフェスだが、私たちには時間がなかった。というのも、構想したのは六月で、その年の夏の終わりに開催することが決まっていたからだ。群馬県のとあるキャンプ場に会場が決まったのは本番の二ヵ月前だった。

場所が決まって、日時が決まって、いよいよ二ヵ月で当日を迎えるという過酷な日々がスタートしていく。

そして迎えた当日。天候はなんとか晴れ。ギリギリステージの施工も終わり、無事に運営側のバスも東京からこちらに向けて出発したようだった。いい感じの高揚感が生まれて、会場が一つになっていく。「みんなでやれば何でもできる」。そんな想いに共感して、お金を払って、時間をかけて、こんな遠くまで来てくれた四〇〇名もの人たちとの空間は、なんとも言いがたい心地良さと一体感とがあった。広いキャンプ場で緑の中をステージ前まで子どもみたいに駆け下りる。みんながビールを飲んで笑って、肩を組んで仲良くなって、笑って踊っている。夜が更けても、音楽で一つになって、花火を見て感動している。最後に司会から声をかけられてサプライズでステージに上がった私は、「一人の力はちっぽけかもしれないけど、ここにいる全員が証明してくれたように、力を合わせれば何でもできる！」と叫んでいた。

始まった貧乏生活

思い返してみると、たったの三ヵ月だが、青春のような無謀で挑戦に満ちた一大プロジェクトだった。だが数日が過ぎて収支の最終の整理をすると、そこに残ったのは、清々しい気持ちだけでなく、なんと二〇〇万円の赤字だったのである！　これが事後の精算で発覚。責任者として走り切ることに集中していた私は、金額を聞いて一瞬目の前が真っ暗になったのだった。間違いなく私のわがままで始めたこのフェスは、私が責任を取る以外に終わる方法はなかった。

会社を辞める少し前にマンションを買ってしまっていた私たち夫婦には貯金がなく、しかもフェスの準備中になんと森ちゃんも起業をするために会社を辞めていたため、収入の目処《めど》もない。この現実を全身で受け止めながら、私は知り合いに相談をしてお金を貸してもらうことになった。さらに、短期間で借金を返済するために、友人たちに連絡をとって、短期のプロジェクトで私にできそうなことがないか聞いて回る。今まで一緒に働きたいと声をかけてくれていた人たちにも逆に声をかけて、いくつかのプロジェクトに参加することになった。空いた時間で自分の次の事業プランを考えながら暮らすという毎日が始まったのである。けれどもこの時は不思議と絶望とか、暗い気持ちは私の中にはなかった。

そんなわけで、私の貧乏生活は始まった。生活は一変。基本的に家だけは高級マンションに住みながら、外食は一切しないですべて自炊、移動は全部自転車。パンを一斤買うことにも悩む生活へと変わったのだった。夫婦で食材の買い物に行っても、住んでいるエリアの物価の高さに気づき驚いたり、「いつかこれ食べたいねぇ」と食べたい食材の話で盛り上がったりしながら、貧乏生活をしていた。

ある日、家族行事の法事で、高輪台の自宅からお墓のある日暮里まで自転車で走った。携帯の地図を頼りに、走ったことのない道を、夫婦でかなり速いスピードで、かつ無言で走る。だが、行きはよかったものの、暗くなった帰り道をただただ家を目指して走るのはさすがに骨が折れた。途中で「もう無理」と弱音を吐きながら、「夕食は森ちゃんが作ること」を条件に、励まされながら最後の力を振り絞った。「いつか電車に乗ってやるー」と大騒ぎして自転車をこいで家へと向かった。

このお金がないという一見悲惨な状況が、私にはとても好ましい記憶として心に残っている。自転車で走る都内は、東京ってこんなに小さな街なのだと妙に身近に感じられたり、ご飯がありがたくておいしくて、人生最高の「ご馳走さまでした」という心からの気持ちがあふれた。生活も、お互いに時間だけはある贅沢、でもお金がリアルにない、というギャップも結構良かった。夫婦二人で、毎日一緒にご飯を作って食べて、そしてたまに誰かに助けてもらいながら乗り越えていくプロセスは、笑いに満ちていて、なんだかとても温かかった。

それでも、たまに自転車移動が遠くて凹んだり、どうしても外食したくなったりすると、「なんでこんなことになったのだろう」と泣き言を言ったりもした。そうすると、「咲ちゃんが趣味で野外フェスやって借金したからだよ（笑）」と森ちゃんに返されて、「ご名答！」と心の中で思いながら、節約する毎日。

お金では、そんなに苦労したことのない私が過ごしたこの三ヵ月は、ものを愛すること、食を慈しむこと、便利さに感謝することを教えてくれた特別な時間だった。後に一緒に仕事をすることになる遠藤理恵（現ｃｒａｚｙ ｗｅｄｄｉｎｇプロデューサー）は、なぜかこの時よく私たちの家に遊びに来ていた。「あの時、咲がお金もないのにすっごい楽しそうだったから、人生はお金じゃないって生まれて初めて思えた」と、今でも本気で話してくれる。「お金がなくても、すばらしい人生と、見通しがあるから」という理由で、最初に私とのウェディング事業の立ち上げに参戦してくれたのは理恵だった。確かにお金がなくても、自分の周りに存在するものたちを大切にする生活はプライスレスな経験だった。暮らしていた家が、三畳一間の陽も当たらない場所だったら、耐えられなかったかもしれないけれど。

小さな誘惑

借金を返しながら、私は人生の縮図を見たような気がした。楽しかったものの、お金がないというのは、やっぱりしんどいことだと思った。私は知り合いの経営者から誘われた事業責任者の話や、会社を立ち上げないかという話に、この当時は心揺れていた。とくに自分がやりたい類のことを、大きな会社のプラットフォームを使って実現しないか、という誘いはとても魅力的だった。すると、そこで働く理由を作りだそうとする自分に出会い、いかに人は何もないことが不安なのかを実感した。収入がないこと、仕事がないこと、見通しがないこと、そして、そのことを客観的に見れば見るほど、周りの評価も気になってきてしまう。

毎回舞い込んでくる、本望とは少しズレのある事業の誘いを気にして揺れる私に、森ちゃんはいつでも、「それが咲ちゃんの本当にやりたいことならやったらいい」と伝えてくれた。そう言われると、私の心の中がちゃんと機能し始めるのだった。「これは確かにすばらしいビジネスのチャンスだし、良い話。でも人生懸けて私がするべき仕事ではない」と答えが出る。

世の中には、うまくいく可能性のあるビジネスがあふれている。中には、ビジネスとしては優れているけど、それがどうこの社会や世界を良くするかわからない仕事や、自分がやる理由がない仕事もたくさんある。一度しかない自分の人生なのに、心に折り合いをつけて、自分を説き伏せてまで、目先の仕事をする必要はない。大してやりたくない仕事をやるのは、自分の可能性を捨てるということかもしれない。

改めて私は、この一連のプロセスを経て、漠然とだが強く「意志をもって生きる人を増やしたい」と思った。人生二七年かけて、せっかく見つけたこの気持ちに妥協なくぶつかって仕事がしたい。

人は、価値があるもの、意味があるものに惹かれていくと思う。まっすぐに「これだ」と思える仕事を探そう！　とにかく興味のある人に会って、会って、会って……自分のやるべき仕事が何なのかを考え続けた。

やっぱりこれかな

「やっぱりウェディングなんじゃないかな」。たくさん考えたけれど、最終的に私の中に残ったのは、直感的な確信だった。意志をもって生きる人を増やしたいという一つの強い想いから、女性のキャリア支援事業のモデルを考えて可能性を模索したり、託児所のプロジェクトに顔を突っ込んでみたりしたけれど、確信を持つことはできなかった。というよりも、湧き上がるパワーを感じられなかったのだ。

そんな時、ふと自分自身の結婚式のことを思い出した。将来ウェディングの事業をの事業を立ち上げたいという気持ちがこみ上げてきた過去を。単純に「ウェディング」というものが好きということもあったのだが、そんな私が「やっぱりウェディングかも」と確信を持ったのはひょんな出来事からだった。

ウェディング業界で活躍しているある女性とランチをする機会があり、業界のことを伺った。その時間が本当に楽しくて、それをフェイスブックにアップした時に、すごい反響があったのだ。「ウェディングの事業をしたいと思った」という投稿に、「絶対にそうだと思っていた」「それしかない！」「私の時は絶対お願いしたい！」。そんなコメントがびっくりするくらい来て、単純な私は「これだったのかぁ」と妙に納得したのだった。「ウェディングかもしれない」という急に生まれたワクワクする想いは大きくなっていくばかりだった。

私のウェディングに対する想いの原点は、私自身が結婚式を挙げた二六歳のときにさかのぼる。文化祭やサークルなどで企画を形にしていくプロセスが好きで、高校からは常に責任者や会長をやっていた私は、自分の結婚式を昔から楽しみにしていた。「結婚はまだしなくてもいいけれど、結婚式はしたい」といつも思っていたくらいだ。そんな私は、二〇〇九年の夏、入社後すぐにお付き合いを始めた森ちゃんと結婚式を挙げた。

この結婚式抜きにして、私の今の事業は語れない。プロジェクトメンバーは二〇名を超え、三五〇名のゲストを呼んで、六時間にも及ぶウェディング・パーティをした経験そのものが、私の結婚式の原体験だった。そして、いま思い出しても一点の後悔もないほど、最高で唯一無二の結婚式だった。シンプルにそんな結婚式が世の中に増えたら、一人ひとりの世界が変わるほどのインパクトがある、と私は思えたのだった。

特別な結婚式がいい

私たちは、約一〇ヵ月前から結婚式の準備を始めた。「念願の結婚式ができる！」というはち切れんばかりの期待を胸に、意気揚々と準備を始めたのだった。私はなんの疑問も持たずに日本の慣例にならい、ウェディング雑誌を買って会場を探した。オリジナルのウェディングを求めながら、パッケージウェディングの流れにのるという、他の人と同じスタートを切ってしまったのだった。そこで、私たちが目のあたりにしたのが世の中にあふれる、「型にはまった結婚式」という現状だった。

私たちは、夫婦そろって私たちにしかできない結婚式がしたかった。というよりも、「誰もが同じプロセスで、同じ結果が待っている」結婚式が耐えられなかった。結婚をする二人は、世の中に存在する他のカップルとはぜんぜん違う、毎回がまったく新しい夫婦。毎回その二人らしくてしかるべきだ、と考えていた。しかしながら、会場に行けば、和風か洋風か、会場のテイストを選ばされて、人数を聞かれて会場を見学する。すべての場所で、ここで何をするのかという流れが決まっていて、自由にできることは極端に少なかった。そして、私たちが望むクリエイティブな提案をしてくれそうなプランナーには、出会うことができなかった。そればかりか、「こんなことがしたい」という私の希望や夢は、毎回怪訝《けげん》な顔で「申し訳ございません」と言われることばかりだった。結婚式という場は個性や想い・メッセージを表現する場だと思っていた私の「あたり前」や人々が思う結婚式に対する華やかなイメージは、業界の現状や慣習と大きなギャップがあった。私はほどなく、理想の結婚式ができるのか疑うようになっていった。

一方、私たちの結婚式のイメージは大げさだけどこんなものだった。とにかく一生忘れられなくて、出席してくれた人が死ぬときに、耳元で「人生で一番印象に残った結婚式は？」と聞かれたら、「咲ちゃんの結婚式！」と言ってくれるような式。「ブラヴィッシーモ！」（東京ディズニーシーでおこなわれていた夜の水上ショー）のような壮大なスケールの結婚式がしたい！

この理想は壮大すぎて大変だったのだが、逆に明確でよかったのかもしれない。なぜなら「これはできますか？」と具体的に確認していくことで、ハッキリと「できない」と言われたからである。私たちが回った一〇以上の会場の多くは、最初に「オリジナルウェディングできますか？」と聞くと、「もちろんです！」という返答があった。それを鵜呑みにして、もしすぐに契約してしまっていたら、「契約をしたから」「ゲストに伝えてしまったから」という理由で断れず、やりたいことを我慢しなくてはいけなかっただろう。

この時、「私たちの式はよかったけれど、多くのこれから結婚する人たちは困るだろうなぁ」と思ったことを覚えている。きっと私たちのように、明確に強い想いがあって会場を決める人は少ない。毎回、同じ展開のパッケージウェディングにしか出席したことがない人たちが、具体的な自分たちだけのアイディアを、自分で考え伝え、形にすることは、きっと容易ではないはずだ。

結婚式の会場を決めるプロセス一つとっても、単純に「もっとこうだったらいいのに」ということはたくさんあった。森ちゃんとも、日本のウェディングビジネスが成り立っているのは、やりなおしのきかないリピートなしの商品で、かつ日本人は「これがしたい」という具体的な要望がないからだろうという話をした。そして、「みんなと同じミスのないオペレーション」がネガティブではなく、むしろとくに親世代にとっては安心であり、時代のニーズには少なくとも今までは合っていたと思うからだ。

みんなと同じ結婚式は無難だけど、参加する人たちは、それを望んでいるわけではないはずだ。もし私が大好きな友人や親族の結婚式に参加するなら、新郎新婦の二人はもちろん、家族や親族や友人も登場して、二人のことを知ることができて、その人たちらしいやり方で、驚きや笑いや感動があって、二人が伝えたいことが詰まった結婚式がいい。そして、出席する人たちも、ただ見ているのではなく、何らかの形で参加できて、自分が今日ここに来た意味があったなぁと思える結婚式がいいと思っていた。でも、多くの結婚式場の話を聞く限り、ルール的にも、そこに携わる人のクリエイティビティを考えても、それはとても難しいような気がした。

気持ちは焦る。とはいえ、もちろん私は泣き寝入りするタイプではないので、どうしたらそれができるかなと、日夜思考を巡らせていた。

一生に一回のことだから

そんな時に、私に一つの希望を与えてくれた人に出会うことができた。その方は業界で活躍している著名なアートディレクターだった。その人は「すべての夢が叶うなら、こんなことも、あんなこともしたい！」と興奮気味に話す私の話を「うん、うん」と聞いてくれた。そして、私がきっと一番待ち望んでいた言葉をくれた。「すてきだね。咲ちゃんの夢、叶えよう！」。その言葉を聞いた瞬間の「夢が叶うのだ」という高揚感と、「やっと会うべき人に会えたのだ！」という安堵感は、今でも忘れない。どうしたらよいのだろうと思っていた私に、一筋の希望を与えてくれた一言だった。

あの時もらった「その夢、叶えよう！」という言葉を、いま私はこのウェディング事業で目の前のお客様に伝えている。可能性を力強く肯定できる一言のパワーを、私はきっと誰よりも知っていて、信じている。

その後、私の夢が叶うであろう会場と、そこの支配人、一流のクリエイターを紹介してもらい、企画内容は当時の職場のメンバーでプロジェクトを組んで挑んだ。コンセプトを作ったほうがいいと言われ、考えたのは「ＧＩＦＴ」。「この人がいなかったら、今の私たちはない」と思える本当に大切な人を呼んで、今までの恩返しをしていける最初の日にしたい。そしてそれは、私たちらしくサプライズにあふれたものがいい。そんな想いを詰め込みたいと思った。プール、プールサイド、ガーデン、二階建ての会場、チャペルを全部借り切った一大ウェディングプロジェクトが始まった。ディズニーのショーみたいに、壮大で人の心を動かすスペクタクル。そのイメージだけが私の心でキラキラと輝いていた。

当時、毎日深夜まで働いていた私たちは、仕事が終わってから明け方まで結婚式の準備をするような日々を送った。しかもお金も全然足りない。梅干しご飯だけで食費を削るような努力もしながら、たった一日のためにすべてを懸けた。準備はギリギリで、余裕はまったくなかった。壮大すぎる企画に、すでに会場が管理できる納期と規模はゆうに超えていた。二〇名のプロジェクトメンバーを集め、企画はすべて任せてもらい、必要部分を会場側に報告しながら、プロジェクトを進めていく。図面を引いて、どこで何をするのかを決め、必要なものや人の手配、私たちがおこなう複数のコンテンツの練習。同時に野外フェスのような音出しもあるので、会場の方に近隣住民の方への対応をしてもらう。すべてのタスクを考えると、普通に進めても絶対に納期が間に合わないレベルだった。それでも一生に一回のこと。妥協することはできなかった。

理想の結婚式

当日になってしまえば、もうどうにでもなれという気持ちと、ここまでの壮大なプロジェクトを思い返す余裕も出てきた。私がヘアメイクをしている間も、早朝から音響、照明、電源車が運びこまれ、プロジェクトメンバーの仲間たちがインカムで動きを確しながら準備をしてくれている。

そして始まった結婚式。世界一と思えるヘアメイクアーティストが私に魔法をかけてくれて、世界をこんなにもすてきに切り取れるのだと思えるようなカメラマンが写真を撮ってくれる。アートディレクターは私たちが実現したい世界を隅から隅まで実現してくれて、そこにいる仲間たちは目を合わす度にがんばろうと支えてくれた。そこには「世界に一つの最高の結婚式を創るのだ」という、強くて幸せなエネルギーがあふれていた。

私は何度も涙が出そうになるのをこらえることができなかった。いつもより素直にうれしそうにしてくれる家族と一緒に準備をしたり、早くから駆けつけてくれた親友たちと思い出話をしたりと、一日借り切った会場に早朝から深夜まで一五時間以上もいたことになる。それは一日に何回転もする世間の結婚式とはまったく違う、準備時間も含めて幸せが詰まった一日だった。

そして本番の時がやってきた。大好きな牧師先生にお願いして、涙と笑いあふれる挙式をおこない、ウェディング・パーティが始まる。一階の会場には挙式に出席している一五〇名のゲストが、二階の会場にはアフターパーティから参加する二〇〇名のゲストがスタンバイしていた。一階でウェディング・パーティが何事もなく始まった裏で、二階に登場したのは日本でも有名なサンバチームの人々。そこでアフターパーティから出席のゲストが、なんと一時間サンバの練習をさせられることに。ゲスト二〇〇名は、即席のサンバチームになった。やがて夕日が見えるプールサイドにサンバのリズムは聞こえてきた。一階の一五〇名のゲストがきょろきょろしていると、二階のゲストがサンバ隊となり、踊りながら降りてくる……。

そこからは陽気なアフターパーティがスタート。三五〇名全員が踊って、私たちもサンバの格好に着替えて踊って、六〇歳を超えたゲストも踊る！　プールサイドでは一〇名のシェフたちがその場で調理をして、さまざまな料理を振る舞い、世界的に有名な大太鼓のアーティストが太鼓を叩けば、早着替えをした私たちが和装で登場して鏡割りをする。最後は、友人代表の三組がメッセージソングを歌い、私たち夫婦はお互いへの想いをそれぞれの形で伝え合う。最後はみんな涙して、幸せになってねと叫んでくれる。夏の終わりのプールサイドの光景は、きっと一生忘れないだろう。最後は全員輪になって歌を歌い、「マンマ・ミーア！」みたいなラストシーンになった。

そんな、夢のような結婚式を私はおこなうことができた。

やるならここまでしたい

これが私の結婚式のストーリー。私たちにしかできないものを、私たちにしかできないプロセスで創り上げた世界にたった一つの結婚式だった。自分の人生に欠かすことのできないゲストを呼び、自分たちが表現したい世界を一〇〇パーセント表現する機会。そして、多くの挑戦やゲストへの想いが報われて、人生で一番承認される日。私はこの結婚式当日もさることながら、最高を目指してこの結婚式を創り上げるプロセスそのものが生涯忘れることのできない大切な宝物だと思えた。

こんなすばらしい可能性を持つイベントは、人生の中で、他にはそうない。世間的には制約が多い結婚式だけど、たった二時間のパーティに、半年〜一年という時間と、数百万という金額をかけると思ったら、あんなにたくさんの「できない」ことがあること自体が不思議でしょうがないと私は思ったのだった。私にとっての結婚式は、どんなことでもできる、人生が変わる可能性があふれるイベントだ。

いま思い出すと、私が経験した自分の結婚式と、世の中の結婚式は、金額が倍ほど変わるわけでもないのに、すべてが違う気がした。そして、私たちのような結婚式が世の中に増えたら、この世界は変わるのではないかと、ピンとくるものがあった。もし私が結婚式を事業にするのであれば、よくあるウェディング事業にはしたくない。

きっとキーワードは、「人生が変わる結婚式」。そう考えていくと、今までとは比べものにならないレベルで、自分の世界が広がっていくような感覚がした。そして、こんなに結婚式の持つ可能性とパワーを知っている私が、それを事業にする価値は十分にあると思えた。そんなウェディングなら、自分の人生を懸けるに値する、そんな期待がどんどん膨らんでいく。

経営者の友人が、ウェディングの事業をするならハコを造って広告を出し、パッケージを作って、それをできるだけ高い単価と回転率で回せば簡単だ、と教えてくれた。同時に、でも一度そこに入ると抜け出せないし、始めた理由や当初の想いからどんどん離れていって、事業価値に悩んだりすることも多い、とも。誤解を恐れずに言えば、私はそもそもこの業界の「現状」には興味がなかった。「もっとすばらしい結婚式が存在する」。とにかく、ウェディングビジネスをするなら、他を否定するのではなく、手放しで最高だと言える、世界でたったひとつの結婚式を創ろう、と私は思ったのだった。方法と採算はそれから考えればいい。現状を無視した最高のクオリティを出せないくらいだったら、そもそも自分が人生を懸けてやる意味がないじゃないか。それが、私がこの事業を始めるときに強く思ったことだった。

まず情報収集を始めた。野外フェスの借金はとりあえず棚に上げて、ウェディングという分野で私がイメージする事業ができるのかという検証を開始した。一番気になったのが、素人の私でも「もっと良い結婚式ができる」と単純に思えるのに、それがなぜ業界で実現しないのかということだった。私が一消費者として、この業界で会場を見て回ったときに率直に感じたのは、「今の結婚式はみんな一緒で、不当に高くて、会場やお花など結婚式を構成しているものがすてきではない」ということだった。そのことを業界の人たちは、どんなふうに思っているのか、私は単純に知りたかったのである。

そこで私は一ヵ月、徹底的に業界内外の人に話を聞きに回った。すると、衝撃的な事実を私は知ることになる。それは、広告メディア、会場、プランナー・カメラマンといったクリエイターなど、結婚式に関わる多くの人たちのほぼすべてが、決まって同じことを感じているということだった。それは、「もっとこの業界は変わらないといけない」という一言に尽きた。ほとんどの人が、多くの問題点を私に教えてくれて、変えていく必要があると話してくれたが、それと同時にみんなが「しようがない」という諦めを多かれ少なかれ抱えていたのだった。

こんなに夢が詰まったこの業界で、夢を持つことが忘れ去られているという現実に、私は落胆させられたが、この事実は最後には逆に私を奮い立たせてくれた。私は、今の業界とはまったく違う次元で「これって最高だよね」と胸を張って言える仕事をしたい。そういう最強のチームを作りたい。半ば諦めながらも、それでもこの仕事が好きだと話してくれた多くの業界の人に、「最高の結婚式が存在するのだ」ということを私は、自分の人生を懸けて証明したいと思った。私はまったく新しい理想を詰め込んだウェディングビジネスを興そうと、腹を決めたのだった。

いきなり始まった最初の仕事

この一ヵ月で同時に私は、私がイメージしている理想について、業界で活躍している人たちに相談して回った。彼らは想いだけがあふれている私の話を聞いてくれたばかりか、みんなが私に勇気をくれた。「咲ちゃんがやろうとしていることは、みんながしたくてもできなかったことだから、何にも染まらずにがんばって。咲ちゃんならできると思う！」。その言葉が心強く温かくて、その方々が伝えてくれた夢も詰め込んで、走りだすことができた。その後も「苦しくてもうだめだ」という瞬間を救ってくれたのは、その時に相談した業界の大先輩の人たちだと言い切れるくらい、私にとって大きな出逢いだった。

その中でも、私の人生を変える出逢いがあった。その方は、ウェディング業界を始め、多くの企業のコンサルティングをしていた雨宮幸弘さん。業界でも有名なウェディング会社の出身者で、今は「すごい会議」というコンサルティング手法をサポートしている方。ウェディングの事業をしようか迷っていた私は、雨宮さんと会って最終的にこの事業をスタートするか決めよう、と考えていた。お会いしたとき、私は珍しくとても緊張していたが、私が想う理想のウェディングについて話し続けた。

すると突然雨宮さんは、「じゃあ、サプライズ結婚式をプレゼントしたい人がいるんだけど」と私に言い出したのだ。私にとって生まれて初めての結婚式のプロデュースが突然決まった。その友人、大橋禅太郎さんは、前述した「すごい会議」のトップで、多くの著書を執筆されている著名なマネジメントコーチだった。約一ヵ月後の北海道ニセコでの研修で、サプライズをしたいということだった。メンバーでお金を出し合って、結婚式を贈りたいという。そんなすてきな話を聞かせていただき、内心うれしい悲鳴をあげながら満面の笑みで、「もちろん！　ぜひやらせてください！」と握手をして、意気揚々と帰宅した。すでに寝ていた森ちゃんを起こして興奮ぎみに報告をした。

しかし、翌日になってみると雨宮さんから、「一ヵ月後は現実的に難しいかもしれないから、半年後も検討している」というメールが届く。こういうことは、人生にもよくあるなぁと私は思った。昨日聞いた結婚式のイメージやみなさんの想いを考えると、それを先延ばしにする必要はないと思った。大変なことは全部私が請け負おうと決め、「いや、絶対一ヵ月後にやりましょう」とメールを返信。そこから大忙しなプロセスが始まったのだった。

世にも新しい結婚式ができるまで

「結婚式をみんなで贈る」。禅太郎さんを思う約一五名のメンバーが三〇万円ずつ出して、結婚式をプレゼントする。そのためにも一五名のことを知る必要があった。全員が集まる会合に参加し、禅太郎さんの結婚式で何をしたいか、禅太郎さんにどう感じてほしいか、何を伝えたいかをアウトプットする場を作る。

出たアイディアや想いは五〇個以上。そこから絞って残ったのは、ご両親をサプライズでお呼びしたい、奥様にもちろんドレスを着せたい、仕事のお客様にメッセージをいただきたい、感謝を伝える歌を歌いたい、ドッキリオープニングをしたい、禅太郎さんが弾けるようにピアノを用意したい、すごいワインを用意したい、一流の空間にしたい等々のあふれる想いだった。

いつもは招待されて傍観するだけの結婚式のゲストが、新郎新婦に伝えたいことや、届けたいことを考えるって、本当にすごいことだと思う。結婚式まであと三週間のタイミングで、日本国内トップクラスのウェディングプランナーである、くろゆうさんこと黒沢祐子さんに、このプロジェクトに参加してもらうことになった。私は以前、くろゆうさんにどうしてもお目にかかりたいとブログからメールを送っていたのである。経験豊富なくろゆうさんに協力してもらい、司会、カメラマン、フロリストと、最高の結婚式を創るための日本トップレベルのクリエイターをアサインしていく。昼夜問わずビデオの撮影に出向き、全員の似顔絵入りの結婚証明書を製作し、海外に住む禅太郎さんの師匠に司祭役の依頼をする。

ご両親、ご兄弟に電話をかけて、メンバーの方がプレゼントしてくれる結婚式の話をする。「こんなうれしいことはない」とおっしゃっていただく言葉に、そこに携われている喜びを感じながら。奥様のご両親は東日本大震災で被災されて東京で仮住まいをされているため、衣装がないということを伺い、一緒に買いに行ったりもした。

いろんな想いに触れ、想いを背負って迎えた当日。だからこそ心地のよい緊張感があった。ホテルのスタッフのみなさんと会い、絶対成功させましょうと誓い合う。決行は二日目の夜。一日目の夜は深夜からリハーサルをおこない、みんなの想いは一つになった。本番の日は朝から賑やかだった。京都からお呼びした一流のフロリストたちは朝から仕込みをして、私たちも念入りに音響や照明担当との打ち合わせをする。

いよいよ迎えた決行の時、ちょっと体調が優れないと戻った禅太郎さんの部屋の前に見張りをつけて、バスに待機していたご家族をパーティ会場にご案内して、禅太郎さんを夕食に呼ぶ。浴衣を着て現れた禅太郎さんは何も気づかずテーブルに座る。他のメンバーも何食わぬ顔でテーブルについたところで、大きな音で音楽が流れて、メンバーの一人が「サプライズ結婚式」というボードを首から下げてヒゲダンスで登場した。そこから手拍子が始まり、メンバーのみなさんがリハーサル通り、早着替えして、禅太郎さんのタキシードの一部ずつを持って、どんどん部屋に入ってくる。最初の人が禅太郎さんの浴衣を脱がして、次の人たちがどんどんサイズがぴったりのタキシードを着せていき、サプライズでご両親が登場する。禅太郎さんはずっと目を見開いていて、その表情を、私は今でも忘れられない。

そしてついに、奥様がドレス姿で登場したシーンでは、ご両親だけではなく、サプライズ結婚式を贈った男性のみなさんも号泣していた。いつかは結婚式を開いてあげたい、と思っていたその夢が叶ったのだ。そこから人前式、パーティと、大の大人が感動の涙で話ができないほどのとても温かい結婚式となった。

普通とは違う結婚式を創って

私はこの結婚式で、これは私の才能が生かせる仕事だと確信を持った。業界未経験という事実は関係なく、これは私が今までしてきたことの集大成だった。そこにある想いを統合して、「こういうことをしよう！　これに挑戦してみよう！」と、二人の想いに周りの人たちを巻き込んで、一人ではたどり着けない大きな世界を描き、鼓舞し、実現していく。それは私がしたいこと、得意なことで、人の役に立てることだった。

後に、この結婚式に駆けつけてくださった禅太郎さんのお母様が、式から二年後に亡くなったという悲報を聞いた。当日、すばらしいスピーチをしてくださったお母様。私はこの悲報を受けてなおさら、この時に、この結婚式ができてよかったと思ったのだった。

結婚式というのは、その本人にとってももちろんのこと、その親御さんが自分の半生を懸けて育ててきた子どもの成長や、自立を感じられる場である。ある意味、親御さんにとってのほうが感慨深いイベントかもしれないと思う。

禅太郎さんのお母様のスピーチに、「禅太郎はいつも、みなさんたち仲間のことを私に話してくれました」という一節があったのだが、その仲間からのストレートな愛情を、この日お母様が直に感じられたことを、とてもうれしく思う。半生を懸けて育てた息子が、こうやって人に愛されていること、人に影響を与えていることをダイレクトに感じられたのだから。

結婚式はこのように、その二人の人生を知る機会に満ちている。その人を特別に想う誰かにとって、それを知ることができる、このうえなくすばらしい唯一無二の機会なのだ。この結婚式は、私にとっての大きな経験となった。

すごいチームは突然やってくる

禅太郎さんの結婚式の準備をしている間、前述した遠藤理恵があるハプニングを抱え、家に来て話し込むことが何度かあった。彼女は前の職場の同期。新卒一年目にして、二三年間の会社の歴史を塗り変えたスーパー営業ウーマン。学生時代には国体選手に選抜されたり、バスケットボール部のキャプテンとして活躍した理恵は、人並み外れた対人能力と目標達成力、そして何よりも目の前の人を愛する才能がある。私が「人類の天使」と今みんなに紹介する説明は間違っていないくらい、本当に理恵はいつでも、目の前の人の可能性を信じて、想いを引き出せる人だ。同期として働いているときもずっと夢をもって生きていた。

そんな理恵が、その夜は少し様子が違った。私がウェディングの事業のこと、構想や理想、今後のイメージを意気揚々と語っている傍ら、理恵は落ち込んでいた。いつでも、かっこよくて、愛情にあふれて、キラキラしていた理恵が自分の人生に葛藤して、涙を流して悩んでいた。その姿を見たときに、私の中に衝動が走った。「理恵と事業をしよう」「理恵を幸せにしたい」。そう思った瞬間には、もう理恵にその話をしていた。理恵に同情したわけではなく、理恵と事業をするのだというイメージが私の中に降ってきたというのが近いかもしれない。

その日のうちに、一人でウェディング事業をするはずだった私にチームができた。予定されていたことではなかったし、ぽっと出たアイディアだったけど、一緒に事業をするということはピンときたし、違和感がなかった。親友と一緒に仕事をするうれしさと、誰より尊敬する親友のこの人とならい怖いものはないという気持ちが込み上げる。

私たちは夢中で準備を進めていった。彼女は休みのたびに家に来ては「こんなことできたらいいね」「これはこうしよう」と、やりたいことや会社名、理念を考え始めていた。

そして、このタイミングでもう一人重要な人物がジョインすることになった。私のだんなさんの森ちゃんである。野外フェスの準備中に会社を辞めていた森ちゃんは、インターネット系の事業を立ち上げて、同時期くらいに私たちはそれぞれ経営者として仕事を始める予定だった。森ちゃんは前の職場で社長を目指していて、社内でも最大のチームを持っていたほどの実力があり、メンバーからの信頼が厚い人だった。そんな森ちゃんと事業を始めるきっかけは、ある方の「二人でそれぞれ違う事業をしたら離婚するかも」という怖い言葉だった。もちろん鵜呑みにしたわけではないが、それぞれの事業や社員という優先順位が高いものがお互いにできることは、夫婦関係を続けるうえで、とても難易度が高いものだということは理解できた。「夫婦関係と仕事、どちらを優先したいのかを考えたほうがいい」とアドバイスをもらい、その時にお互い夫婦関係だと思った私たちは、一緒に事業をするという新しい選択肢を得たのだった。

私、理恵、森ちゃんの三名で事業をやる方向性は見えたものの、問題は誰が社長をやるか、ということだった。この三人は、厄介なことにそれぞれが社長をやりたいと思っていた。理恵はそもそも、私のウェディング事業にジョインする形になったので、私がウェディング部門の代表を務めることが決まっていたものの、社長の座をどうするか最後まで悩んだ末、森ちゃんに社長の座を渡すことになった。私と理恵の二人にできることと、森ちゃんが入ってできること、生み出せるものの大きさや範囲、そして得意領域の違いが生み出すであろう化学反応は明らかだった。社長ができるかできないかは、大きなことではないと自分に言い聞かせつつ。

そして、チームは三人になった。会社という決まった枠を飛び出し、想像もできない未来に私たちは立っていた。でも、このメンバーだったら、なんでもできると思えた。少しの不安を抱えながらも、私たちは希望に満ちていた。

いよいよ。創業の前に

義理堅い理恵は、会社を辞める交渉をしていたが、会社からしたら辞められては困る存在なだけに、一〇〇パーセントのジョインまでは時間がかかった。私たちは時間が許す限り三人で会って、人生を懸けるに値する事業構想や理想の組織について話し合っていった。私たちはそれぞれ、社会で働くこと・生きることと真正面から向き合ってきた。そんな私たちが感じているものは、似ているような気がしていた。

私たちの中に共通してあったのは、「この社会には、もっと理想の働き方・生き方・目的・仕事・ビジネスモデルがあるのではないか」というシンプルな問いだった。この問いに答える新しい発明のような組織を作ろうと語り合った。そんな時に、森ちゃんが出会ったのが「ｓｔｙｌｅ ｆｏｒ Ｅａｒｔｈ」という理念。起業準備をしていた私たちの中でも、森ちゃんはとにかくずっと勉強をしていた。本を読んだり、セミナーに行ったり、経営者たちと話をしたり……その中で、どこを目指して、何をするのかを考えていた森ちゃんはついに、この理念と出会ったのだ。出会ったというよりも、本人曰く言葉が降ってきたというのが正しい表現のようだ。

「ｓｔｙｌｅ ｆｏｒ Ｅａｒｔｈ 地球が喜ぶ志事《しごと》をする」という言葉。そんな森ちゃんの想いは私たちの心にすっと届き、私たちはこのｓｔｙｌｅ ｆｏｒ Ｅａｒｔｈを理念に、ものやお金を求めていた今までの時代よりも、もっと大きなもののために仕事をしようと決めたのだった。私はなんとなく会社の発展とか、従業員の満足度とか、利益とか、そういう既成概念の枠の中で理念を考え、それに自分の人生を懸けるというイメージが湧いていなかった。とくにオーストラリアに行って、自分の価値を多くの人と出来事に教えてもらい、自分がいろんな人の存在によって、この生命と人生を与えられていることを知ってからは尚更だった。「社会や、世界を揺さぶるような仕事をしたい」「本当に人が人生で強く求めているものを、この世に創造的に生み出したい」という想いが私の中にあったので、この地球という偉大なもののために仕事をするという理念は、とてもすばらしいことのように思えたのだった。物やサービスが無限に増え続ける不自然なこの時代の中で生まれた「私たちはどこへ向かっているのか」という疑問。それを解決する本質的な事業をしようと私たちは考えていた。

偉大な地球をもっと感じたい。そう思ったのは、二〇一二年の年明け。この年、会社を立ち上げることを決めていた私たちは、きっと会社はうまくいき、忙しくなるとわかっていた。だからその前に「原点を固めたいね、偉大な地球を感じられるような旅をしたいね」と森ちゃんと話をしていた。別々の人生を生きてきたパートナーと一緒に、何か共通の経験をすること、それは未来への大きな投資だと私は思う。今の私たちが現状で貯められるお金はたかがしれているし、お金の価値は変わっていく。未来のためにお金を貯めるのではなく、私たちは記憶や経験を未来に残したいと考えていた。とは言っても、私たちは借金は返せたものの、お金を持っているわけではもちろんなかった。それでも旅には行くべきという結論にいたり、私たちは親のところへ行き、これからの事業のことを話した。そして、世界旅行に出るためのお金を工面してもらえないかという、家族にとってはびっくりなお願いをしたのだった。

無事、お金も工面してもらい、創業の旅に出るために、一ヵ月ほど準備をした。二月下旬から約五〇日間のＧＲＥＡＴ ＥＡＲＴＨの旅。「偉大な地球を感じ、ｓｔｙｌ e for Earthについて深める旅にしよう」。そんな想いで、会社にまだ在籍中の理恵を日本に残し、会社創業前の最後の二人旅に出た。ちょうど一年前のオーストラリアの一人旅で、大切なことは全部、この地球と大地が教えてくれたように、今回もまた決意の旅になるだろう。一年ぶりにあの時のバックパックに荷物を詰めながら、この旅に想いを馳せる。今回は一人じゃないし、オーストラリアのように今までの人生を棚卸しする旅ではなく、きっと未来を描く旅になる。

私たちが行くことを決めたのは、日本の真裏の南米。「地球の生命力と、美しさと、神秘がぎゅっと詰まった場所で、まるごとの地球を感じたい」。購入したのは、往復のロサンゼルスへの航空券と、ペルーへの片道航空券だけ。必要なものは必要なときに買うことができる。最低限の着替えと、パスポート、パソコン、いつものように旅ノートと、なくしても大丈夫な安いペンをいくつか詰め込んで、一年前泣きそうになりながら何かを断ち切るように向かった空港への道を森ちゃんと二人、一緒に前を向いて向かった。見たこともない風景を、この目で見るための、未来への旅が始まる。

創業の旅

私たちには、それぞれ行きたい場所があった。私は、一面真っ白い塩湖に薄く張った水に、空が鏡のように映しだされる、今や世界絶景の代名詞であるボリビアのウユニ塩湖。そして、森ちゃんは敬愛するブランド、パタゴニアのロゴにもなっているアルゼンチンのフィッツロイという山だった。まずは、ウユニを目指す前に、「どうせなら」ということでマチュピチュへと向かい、ウユニ、パタゴニアを巡り、メキシコで一休み。その後アメリカのセドナで具体的に事業の構想を考える旅となった。

とくに印象的だったのは、もちろんボリビアのウユニ塩湖。ボリビアの首都からはバスでとても過酷な道程だった。「え?!」と思うような衝撃的な揺れが四時間くらいずっと続き、乗り物酔いの激しい森ちゃんは、降りたときには、目に見えてげっそりしていたほど。道程だけでなく、ウユニの街のホステルも汚いし、ご飯もおいしくないという苦難は続いたが、それでも行く価値のある場所だった。

ジープで進み、砂と草原の世界の先に、果てしなく続く真っ白な光景が見えてくる。途中から、ジープのルーフの上に乗って、どこまでも真っ白い世界をどんどん進んでいった。途中フラミンゴの大群がいたり、ざぶざぶと川のようなところを渡ったりして、ついに鏡張りが見られるエリアへ着いた。その時は風があり、波がたってしまってうまく鏡張りにならなかったのだが、そこに私たちは三時間くらい滞在していた。まずは静かに夕焼けを待つ。夕焼けが赤く世界を染めだしたころ、風がピタリと止まって、空がその真っ白い塩湖に薄く張った水に映った。その瞬間、世界が反転した。それは嘘みたいな光景だった。それまでたくさん写真を撮っていたのに、写真を撮るのも忘れてその光景に見入る。そのまま夜の月と星がその水面に映るまで、私たちは言葉もなくその光景を見続けていた。気がついたときには、ガタガタと震えるくらい寒くなっていたほど、時間ごとに変わる美しい光景が私たちを魅了し続けた。

私たちは少しの勇気と、運と決意と、そして意志を持っていれば、いつでも自分たちが望む場所へとたどり着く。その意志が私をこの場所まで連れてきてくれたと思うと、この想いさえあれば、どこまででも行けるのだと、私は思ったのだった。

そんな「行きたい場所」に行く旅の中、マチュピチュでは、今にもその時代の人たちがひっそりと出てきそうなくらい、現代とは違う空気をまとった天空都市に絶句して、人々が「生きる希望や未来への発展」を強く信じて作り上げた驚異を目の当たりにした。

パタゴニアでは驚くようなスケールの自然の中に入り込み、三日間すべての荷物を背負って、キャンプをした。目に見えるもの、感じるもののすべてのスケールが大きくて、自分たちが小さく感じられたそのキャンプは、私にｓｔｙｌｅ ｆｏｒ Ｅａｒｔｈという理念を自分の人生と重ねさせてくれた。フィッツロイの山を歩きながら、私は自分の過去を振り返った。私は、渋谷区という都会の喧騒の中で生まれて、ワゴンカーで日本中を旅していろんな自然の風景を見て、そして大自然の真ん中で生きてきた。私にとって地球は、明らかに偉大で大きくて、そして勝ち目などないものだとわかっている存在だった。

私は幼いころから、都会のコンクリートの大きな箱の中なら感じないような、雨や風の音を聞き、四季の移ろいを肌やにおいで感じて、とれたての野菜やお米を食べて生きてきた。停電になればろうそくの灯を頼りに、夕食を早く食べて夕闇の時間に合わせて眠ったこともあるし、薪をくべ続けてお風呂を沸かす術も知っている。私にとって、地球というのは最初から、私の中にあるものだった。だから、地球に逆らわないこと、その中で命を大切にすること、地球と共に生きることを物心ついた時から常にしてきている。その後、私はまた大都会へと戻り、ビジネスの中で戦って、その尊さと脆さ、そして今の時代が持つ不自然さを知ったのだった。

私と同じような過去を持つ人間が、この日本や世界にどれくらいいるのだろう。私が歩んだオリジナルの過去は、私がこれからオリジナルの人生を生きることをきっと望んでいる。そんな私がビジネスという世界で地球が喜ぶ「志事」をすることは、運命であり、背負うべき使命だと思えた。私たち人間は経済活動を優先して、この地球を傷つけて、持続性のない目先のお金のために多くのものを犠牲にしてきた。エゴのために「もっともっと」と物を所有すること、自分の人生を、お金やキャリアのためだけに捧げること、そのすべてを地球は喜んではいないはず。

この日本や世界が忘れてしまった、「私たちは地球から生まれた」のだというシンプルな事実を思い出し、ビジネスというフィールドでより多くの人に影響を与えながら、地球と共に生き、この世界の人たちをより幸せにする偉大な事業を私は創造したいと思った。私に湧き上がる、世界を変えたいという想い。もっと、本質的に正しいことを、心を打つように美しく、私たちにしかできないユニークなアプローチで。「本質的・美しく・ユニーク」、パタゴニアの地で受けたインスピレーションからその三つのワードを導き、私たちの事業の判断軸とした。

そして、私たちは具体的な経営の方向性を、真っ赤な大地のアメリカ・セドナでまとめていった。「ああしたい、こうしたい」という想いは、私のパワー。この地球と、関わってくれたパワフルな人たちが与えてくれたパワーが私の中にはあふれている気がした。その純粋でまっすぐなパワーをそのままカタチにするだけで、今のウェディング業界が忘れてしまった、新しい世界観を表現できると私は信じていた。私の強みはきっと、なんの制約もなく「これがいい」と思えること。そして、そこに人を巻き込むパワーと、それを「絶対にカタチにする」という執念にも似た行動力。だからこそ、何も怖がることなく、何も疑うことなく、常識に縛られることなく、前に進もう。機は熟したし、時代はきっと私たちを待ってくれている。静かに強く、今までよりも偉大なこの未来を見据えて、私たちの創業の旅は終わったのだった。

第五章 crazy wedding 始動

私たちのウェディング事業スタート

帰国後、ついに既存のものとはまったく違う、私たちの新しいウェディング事業が始動する。ロサンゼルスから森ちゃんよりも一足先に帰ってきた私を、理恵が空港まで迎えに来てくれた。成田空港からの帰り道、私たちは渋滞で赤いランプがどこまでも光る夕方の高速道路を、のろのろと進みながら、お互い前を向いて、いつまでも未来のことを話していた。購入していたマンションは、世界旅行前に思い切って賃貸に出して、理恵のお姉さんの家にすべての荷物を置かせてもらっていたので、もうすでに帰る自分の家はなかった。日本での暮らしを再スタートするにあたり、最初の二週間は友人夫婦の家に居候させてもらい、ウェディング事業と並行して、オフィス兼住居を探す生活が始まった。ついこの間、家を購入したというのに、今は家がないという事実に、なんてドラマチックに人生は変化していくのだろうと、さすがに思いながら。

創業の旅の直前、私たちにとって最初のお客様が決まっていた。それは、私と理恵の共通の友人の、結婚式のアフターパーティ。そのパーティで、私はプロデュース費用を一〇万円だけもらって、禅太郎さんの式ともまったく違う、新しい取り組みをしようと決めていた。その二人が求めていたのは、ゲストが楽しめる空間を提供することだった。キーワードは「非日常」。ゲストは、普段とっても忙しく働いている。彼らが「時間」を忘れてしまうような、そんな空間を贈りたいと私はヒアリングしながら思った。ゲストはお酒が飲めない人たちが多いということもあり、その結婚式のコンセプトを、二人の名前をとって「あきしとちいのティーパーティー」と提案した。日常と思えないような、『不思議の国のアリス』の世界観を創り、ゲストを招待しよう。そして、日常を忘れるほどの、夢のようなひとときを贈ることを、私は二人に約束した。

この結婚式に、私たちは懸けていた。私たちの存在価値を社会に表現できるような、すごい結婚式を創ろうと決めていたのだ。オリジナルウェディングのエッセンスを詰め込んでいく。大事なのはコンセプト、そしてストーリー。この二つに基づく世界観を表現する結婚式とアートの融合。元美容師でアートディレクターの奥村乃子《そのこ》が、この結婚式から参戦してくれた。私たちは、二人だけのコンセプトをアートで表現することにした。

二人の理想とする結婚式のストーリーを、私は描いていった。数えきれないほどのスイーツがあふれ、日常を忘れるような不思議な世界。そこに迷い込んでしまったゲストが、めくるめくサプライズに心を奪われていく。そこにいるキャラクターたちの姿が、ゲストをもっとオープンに、そして陽気にしてくれて、最後はみんなで一つになってダンスをする。数時間だけの、魔法のようなパーティ。

そんな「あきしとちぃのティーパーティー」のビジュアルイメージを、ラフデザインに起こしていく。「この小物をここで使おう」「『不思議の国のアリス』のテイストに、このテイストをミックスしてみよう」などと、書籍を持ち寄り、真剣に議論を重ねる。もちろん、結婚式の空間演出をしたことがないので、大きなハコの中で世界観を創るという仕事は決して楽ではなかったけれど、そこには夢が詰まっていた。

一つの完成されたテーマがあって、二人のためだけのコンセプトに沿って衣装や小道具・大道具が創られていくなんて、ほとんど奇跡みたいなことだ。私はすべてにおいてどうしても妥協できず「会場の中央に大きなワンダーツリーという木を立てたい」と思ったが最後、どうにかして木を見つけてほしいとみんなに伝えて、みんなで必死に探した。テレビ局の美術に関わっている植木屋さんを紹介してもらい、やっと見つけることができた。それ以外にも、スイーツを飾る食器は創業の旅の途中、ロサンゼルスで大量に買い付けた。キャラクターの衣装も小道具も同様。欧米には手作りでかわいいウェディングを自分たちで創る文化があり、ウェディング用品のレンタルや購入ができるウェブサイトが充実しているので、そこで調達をした。他社には絶対にできないことに私は敢えて挑んだ。そして、クリエイティビティとセンスがないと創り出せないことを形にしていく。

この準備期間の忙しさは想像を超えるものだった。しかし、それとは比べ物にならないほど大変だったのは、他でもないその当日だった。

THE DAY ウェディング当日

足を踏み入れたゲストは、想像もしていない世界観に魅了され、渡されたワンダーマップを頼りに、私たちが苦労して手に入れた中央のワンダーツリーに二人へのメッセージを書いたり、フォトスペースで写真を撮ったりする。歓喜の笑顔と笑い声があふれて、おもしろいキャラクターたちに自然と心を許していく。ゲストは東京都内の各店から取り寄せた、色とりどりのスイーツや、たくさんの紅茶を選ぶのに、贅沢にも迷う。そして最後には、ダンスタイムで思い描いたような一体感が生まれて、みんながら興奮して、「すごいすごい」という声がずっと止まない。ゲストのお見送りのタイミングにも、こんなに盛り上がったパーティは体験したことがないと、うれしい言葉をたくさんいただいた。

しかし、イベント自体は成功したものの、飲食のケアがほぼ未経験だったり、慣れない装飾のセッティングに時間がかかったり、オペレーションはかなり厳しい結果になった。それは新郎新婦が到着して、入場が済んだ直後のこと。私たちは大きなミスに気づく。なんと、サービスのスタッフはいたものの、バッシング（お皿を下げる）のスタッフがいないということだった。今でこそ、そんなことはありえないのだが、気づいた瞬間から数分の間にも、各テーブルに空いたお皿が重ねられていく。当日手伝ってくれていたスタッフに一斉に声をかけて、ディレクター以外、進行を仕切っているキャプテンも含めて、一時すべての人員がバッシングに取られるというアクシデントが発生した。それでもなんとか無事にその山を越えた終盤には、今度はうれしいハプニングもあった。新郎新婦のダンスのあとのＤＪタイムが想像以上に盛り上がり、終了時間に終われないほどだったのである。いつもシャイなところがある新郎新婦も楽しそうに踊っている。みんなが心から楽しんでいるその光景を見ながら、忙しさもやっと落ち着き、涙があふれてくる。そしてパーティが終わった。終了後も、二人は夢見心地で、「お願いしてよかった」「こんな結婚式ができるなんて信じられない」と伝えてくれた。

祭りの後

大成功でパーティは終わったものの、このプロジェクトで一番の悲惨な状況は、まさかのその後の出来事だった。手伝ってくれた一〇名以上のスタッフは全員帰ってしまい、創業メンバー三人だけが残った。片付けは大人数で集中しておこなうのが一般的だということをこの時は知らなかった。「会場を押さえている時間あと二時間だよ」「ていうか、絶対間に合わなくない?」。シーンと静けさを取り戻した会場。状況が良くないことに気づくまでに、おそらく三分はかかった。昨日、一昨日、もっとクオリティを上げたくて徹夜していたし、明日は名古屋で早くも次の仕事が控えている。だから、夜明けにはこちらを車で出発する必要があった……。しかし、終わる目処がたたず、途方にくれる。とにかくどうにかしようと、気合を入れて作業を進めてみるものの、二時間では終わらない。見かねた会場の方が二人手伝ってくれて作業を進めても、一二〇名分の片付けを五人でやるにはムリがあった。物悲しい気持ちが込み上げてくる。

すでに予定の終了時間を超えたときに、優しかった会場の人から衝撃の一言が。「ちなみに一時間四万円の延長料ですよ」。「!!!!!」。声にならない衝撃が走る。当たり前と言えば当たり前だが、延長料がそんなに高いなんて。「嘘でしょ」と心で一言。ただでさえ体がボロボロの私は、その瞬間下を向いたまま、ポタポタと流れる涙を隠すのに必死だった。ここまでやってきたのにそんなことになるなんて。二人からは一〇万円しかもらっていないし、赤字になってしまう。朦朧としながら三時間かけてやっとの思いで片付けを終えた。最後に搬出をするとき、私と理恵と、会場の責任者が同じエレベーターに乗った。元気に会話する気力はもうない。「本当に最後までありがとうございます」と気持ちを整理できぬまま、伏し目がちにお辞儀をすると、彼は言った。「延長料を今回は特別につけないでおくから。本当に今日はお疲れ様。すばらしいパーティだったね」。それを聞いた瞬間に、私と理恵は大粒の涙をポロポロ流した。ありがたい気持ちで会場をあとにすると、体力的な疲労と、最後に大泣きして会場の人と別れたための精神的疲労とで気力も尽きている状態だった。名古屋への出発まであと四時間。数時間仮眠をとったら名古屋だ。

翌朝、あまりの疲労で、理恵の脚が生まれたての子鹿のようにフラフラとしていて、それがおもしろすぎて朝からたくさん笑った。初回からとてもハードだったし、無茶だったけれども、求めてくれる人の期待を超えることができて、本当に喜ばれたウェディングとなった。後に、このティーパーティーウェディングはメディアに取り上げられることも多く、努力は何倍もの評価によって報われ、私たちにとって歴史に残るウェディングになった。

今回のウェディングは仕事として成り立ったかというと、成り立っていない。人件費を考えればもちろんマイナスだし、調達の手数料を考えるだけでもマイナスかもしれない。でも私たちには関係なかった。とにかくこだわったのは、一つひとつのウェディングをビジネスと捉えるのではなく、未来に残す自分たちの代表作品として向き合うことだった。最初の一年は目先のお金ではなく、私たちの意志を、この世界に見せたいと思っていた。

事業本格化と登記の準備

事業を進めながら、法人化するための登記準備が始まった。オフィス探しも、いい物件が少なく時間がかかったものの、東京・駒込で、すばらしい物件が見つかった。絶対普通のウェディング会社は、駒込にはサロンを開かないだろうけれど、勇気を出してすてきなデザイナーズマンションをオフィスに決めた。オフィスが決まったのが二〇一二年の五月。そこから登記の日を七月ということに仮決定して、すべてのインフラを整えていく。オフィスと呼ぶよりは、二人で暮らすには少し広い住宅というほうがしっくりくる場所ではあるが、このオフィスに初見で足を踏み入れたときの「ここをスタートの場所にしたい」というインスピレーションを信じることにした。とても陽当たりのいい、嘘みたいに気持ちがいい物件だったのだ。

物件が決まって引き渡しになると、理恵は毎日のように会社に泊まっていた。毎日、一緒に寝て、一緒に起きて、太陽の光がまぶしいオフィスで一日が始まる。テラスで毎朝納豆ご飯を食べて、会社のことを話して、オフィス作りをする。DIYにこだわり、お金をかけず、愛情とセンスを込めてオフィスを作っていった。大家さんに交渉をして、壁一面をホワイトボードにする塗料を塗らせてもらったり、イメージに合う空間を作りながら、アートディレクターの奥村と必要な小物を何軒もお店を回りながら買い付けていった。Style for Earthのイメージで、カフェが開けそうな大きなテラスの壁には一面の緑を施した。目指していた七月の起業までの時間は駆け足だったが、寝ても覚めても理想を語って、青春みたいな日々だった。

新しい駒込の生活はうれしくて、幸せな気持ちだった。お気に入りのトンカツ屋さんに毎週通って、近所の唐揚げ屋さんと仲良くなって、安い中華料理屋さんで、体力勝負のためたくさんご飯を食べながら過ごした準備期間。野外フェスの時に出世払いでいいと力になってくれた税理士さんと二人三脚で、創業に必要な資料をまとめていく。創業の資金は私と森ちゃんで、一人ひとりプレゼンテーションをして、親族から借りて用意した五〇〇万円を元手に、備品への投資に充てていった。ここにあるすべてが当たり前ではなく、自分のお金だというシビアな感覚と、自分のお金だからこその心づもりは、会社に雇われていたら得られない気持ちだっただろう。会社に属すのとはまったく違う、すべてが自分ごとで、目の前の小さな意思決定も大きなものに感じるような起業準備期間。

そして登記予定の七月二日が近づいてくる中で、もう一人の仲間を迎えることになった。ウェブスペシャリストの榊伸一郎である。榊はアメリカ育ちで、まだ日本にパソコンが普及していないころから、住んでいたシリコンバレーでウェブの可能性を見出していた。ウェブ事業を一〇年以上も個人でおこない、後半はスカウトされた企業の取締役として活躍していたスペシャリストだった。榊は大学時代に森ちゃんと知り合っており、偶然にも久しぶりに友人の結婚式で再会したのだ。森ちゃんが榊に事業の相談をしたところ、人材の要件を洗い出しているときに、「これ俺なら全部できるね」という話から、自然な流れで一緒にやることに。数日後には会社に辞表を出し、最速の参戦となった。人生最後の挑戦、そう言って榊は私たちと生きる人生を選んでくれたのだった。この榊の参戦が後のマーケティングの鍵となる。私たちの事業がビジネスとして一気に拡張へと動き出した。

創業。チームという会社が生まれる

七月二日、登記の日。用意してきた書類が思っていた以上に簡単に受理されて、今までの概念とはまったく違う会社が立ち上がった。私たちは今まで会社に属する生き方をしてきた。その中で普通の人の倍以上働いてきたメンバーばかりだった。私たちは、雇われて給与をもらって働く人生以上の何かを求めていた。「自立した個人が、自分のスタイルを持って集う場所。それが私たちの会社。個人が会社に従うのではなく、集った個人に合わせて会社を育てよう」。そんな会社に対する新しい概念を、私たちは創り上げた。

私たちのウェディングブランドに、「crazy wedding（クレイジーウェディング）」という名前をつけた。crazyには「夢中になる」という意味もある。意志を持って自分の人生を楽しみ、夢中になれる人たちを増やしたい。そして、このウェディングで作り出す世界観に、私たち自身も夢中になろう。そんな気持ちを原点に、私たちは事業を始めていった。crazy weddingというインパクトのあるネーミングは、「中途半端なものならしない」という、私たちの覚悟のレベルを表す名前でもあった。

実際に、私たちは会社であって、会社ではない。この社会で機能していないと感じた人事評価は、まったく新しいものにして自分で給与を決められるようにしたし、全員を社員ではなく個人事業主にした。儲かったら社長だけがお金をたくさんもらえて、事業がうまくいかなければ社員がクビなんて理不尽すぎるという考えから、新しいシステムも作った。リスクも利益も平等に分配してみんなでフェアに働くという新しい常識を打ち立てていた。この場所はもはや、自分たちの人生そのものだった。理想のウェディングが存在すると証明するのと同時に、私たちは理想の仕事、会社、生き方、仲間が存在するということを、この私たちの会社というチームから発信したいと考えていた。

そんな夢を詰め込んだ駒込の小さなオフィスで、創業パーティを内々におこなった。ここまでたった半年だったが、その挑戦の中で出会い、私たちを支えてくれた人たちを呼んださsさやかなパーティだった。壁一面に来てくれる人の写真と私たちとの関係性やメッセージを書いて、手作りのお料理でもてなした。

業界のことも知らず、業界にまったく知り合いもいなかった私が半年間、ひた走ってきたことを、自分でも褒めてあげたいなと久々に感慨深く感じられるようなパーティだった。私の決意はきっと間違っていなかったと心から思えたし、この人たちに「応援してよかった、希望をもらった」と思ってもらえるような未来を私は静かに、でも強く心の中で誓った。

私たちは他ではできない、最高の結婚式を創る必要があった。

ツクル　ツナガル　ウェディング

挙式も含めての初フルプロデュースをした、あるお客様のコンセプトは、「ツクルツナガル　ウェディング」。毎年フェスに行って、仲間と過ごす時間が何よりも楽しくて大切だと伝えてくれた二人。とにかく自由で型にはまっていない、野外フェスや「マンマ・ミーア！」みたいなカジュアルで開放感のある結婚式がしたい。そう言われて、みんなと一緒に作り上げられる参加型の結婚式を提案した。

この二人は、とあるウェディング会社主催の結婚式の見学に行って、まさにプランの中から選ぶ結婚式にがっかりし、結婚式を挙げるつもりがなくなったと、初めて会った時に話してくれた。そんな時に、私のことをフェイスブックで見つけてくれて、「この人にならお願いしたい」と話を聞きに来てくれたのだった。まだまだ事業も始めたばかりの、私のフェイスブックの投稿にこうやって応えてくれる人がいることが、とてもありがたかった。この二人にとって、私が結婚式の最後の砦《とりで》なのだと思うと、うれしいという気持ちと共に、身が引き締まる思いだった。私が知っているすばらしい結婚式の価値を、一生懸命伝えて、その機会を手にしてほしいと私は心から思った。会ったその場で「絶対一緒に結婚式を創りたい」、そう言っていただき、二人と私たちはチームとなり、大きな挑戦は始まった。

二人のコンセプトを考え、会場を開拓し、招待状をオリジナルで製作して、ビジュアルを考える。フロリストやカメラマンなどクリエイターと打ち合わせを進める。すべてが初めての経験で、一切の妥協ができない。何度も確認をしながら、準備を進めるも、やはりビジュアルがしっくりこないということで、自らリサーチのためにフェスに参加もした。私は野外フェスを主催していても、プライベートでは野外フェスに行ったことが、実はなかったのである。私は二人が好きだというフェスに出かけ、装飾や空気感の作り方、場の設計も含めて研究をした。とにかくメインは全員で歌って踊りたいねと、事前に二人の友人とのダンス練習にも参加。

家族も大事にしたいということから、親族五〇名、友人一二〇名をわけた二部制をご提案し、親族のパーティにも三〇名の友人が「マンマ・ミーア!」ダンスを披露するサプライズも企画した。迎えた当日は、友人からのサプライズのつもりが、親族全員も一緒に踊ってしまうという、うれしいハプニングも。そこから続いた友人のパーティは、それはそれは盛り上がった。三角旗があふれるカラフルな会場内に、自分たちで自由に楽しめるワークショップ形式の出店も複数用意し、会場内の音楽は野外フェス並みに大音量にした。結婚式とは思えない弾けるような笑顔が印象的で、当日は私まで、感動したゲストから握手を何度も求められてしまうほどだった。

二人は、「crazy weddingに会わなかったら結婚式をやっていなかった」と今でも話してくれる。赤ちゃんが生まれて招いてくださった新居で、「結婚式は本当に最高だった」と、目を細めて語ってくれた。

Thanks museum

「他でオリジナルウェディングができると思っていたけれど、できないとわかった。でも諦めたくない」と、他の会場をキャンセルして来てくれる方も増えてきた。過去最高一〇〇万円以上のキャンセルフィーを払ってまで私たちとご一緒してくれる方もいるくらい、妥協のない結婚式へのニーズは強いと確信するまでになった。私たちにとって二番目のフルプロデュースのお客様も、ほとんど実績のない私たちを信頼し、他会場をキャンセルして私たちに懸けてくれたのだった。

そのお二人の希望は、「今までもらってきた愛情に、たくさんの感謝を伝えたい」。

漠然としているが、多くの人は具体的なコンセプトを持っていなくて当たり前だ。くわしく話を伺って、来てくれるゲストたちが二人を知る大切な機会にできるようにということで提案をした「Ｔｈａｎｋｓ ｍｕｓｅｕｍ」。海辺のデザイナーズホテルを借り切って、プールサイドに欧米のような大型テントを立てて、一泊二日の特別感のある結婚式を企画した。今回は目的を考えて招待状はやめて、「ウェディングサイト」を製作。事前に二人の紹介や、ウェディングのコンセプト、参加型のダンスの動画などをアップした。そのサイトはどんどん更新されていき、ゲストが二人の紹介文を書くことができる仕組みになっていた。

ウェディング当日、ゲストが都内から少し離れた指定の駅に着くと、そこにはお出迎えをしてくれる執事の姿が。促されるままにリムジンに乗れば、ディズニーランドのような陽気なウェルカムアナウンスが流れて、ゲストの心をくすぐる。カラフルなエントランス前に降りて、ホテルの廊下を歩けば、そこにはＴｈａｎｋｓ ｍｕｓｅｕｍのコンセプトのとおり、二人の歴史や写真、コンセプトに合わせたアート作品が飾られている。そのホテルの廊下を抜けると陽気な音楽と共に、キャラメルポップコーンや綿飴の匂いが鼻をくすぐるウェルカムスペースがお目見えする。来てくれるゲスト全員分の写真と紹介文がガラス板に書かれたファミリーツリーの周りは、来てくれた人々の感嘆の声であふれていた。

二歳の時にお母様が亡くなってから、母のように育ててくれた新婦のおばあちゃんに、新郎が人前式で誓いを立てた。家族や親族、そして一緒に育ててくれたご近所の方も参加し、言葉にできないほどの感動の挙式となった。その後は、披露パーティに、プールサイドでのアフターパーティ。カラフルな光やプールへのライティング、シーサイドバーベキューにダンスタイムに花火と、忘れられない夜をゲストに提供したのだった。

大成功の裏側で言わずもがな、当日の運営は困難を極めた。会場は夏の屋外。前述したものに加え、当日はホテルのフルコースにプラスして、三名のシェフが登場し、好きなものを好きなだけ食べられるスタイルにした。また引き出物も木箱からオリジナルで創り、産地から直送したセレクト品を詰めるなど徹底した。このウェディングは、私たちの身の丈もわからず最高のものをと高度な提案をし、そのハードルの高さに過去一番挑んだ結婚式となった。ある意味、これを超える大変な結婚式はないというくらい前日の仕込み、当日、翌日の撤収と、過酷だと言い切れる数日を過ごしたのだった。連日徹夜続き、近くの健康ランドで仮眠を取りながらの会場設営は本当に言葉にしがたい。新郎新婦の二人と一緒に準備の時からいくつもの挑戦をした結婚式だった。ある意味、限界まで挑戦をするとはどういうことかを知った結婚式だった。

私たちはこうやって、お客様も交えた一つのプロジェクトチームで、この一見不可能とも思えたパーティを成功させたのだった。「この結婚式に出席して、初めて結婚したいと思えた」と伝えてくれるゲストもいたほどだ。

後日、二人がお気に入りの店で特別に作ってもらった料理を両手に抱えてオフィスに遊びに来てくれた。新郎が作ってきてくれたサプライズのムービーに、この激しい日々を振り返って全員で涙した。後にこの新婦さんが、私たちの事業を一緒にやりたいと伝えてくれたことも、私たちにとってうれしいサプライズだった。

GREAT FAMILY WEDDING

私たちにとって、どうしても忘れられない結婚式。それは、立ち上げ直後に手がけた、「GREAT FAMILY WEDDING」だった。

「二人が今一番ゲストに伝えたいこと、伝えられるものは何か」と聞いたときに、すでに入籍をしていて、男の子の赤ちゃんもいる二人は、即答で「家族の大切さ」だと答えたのだった。夫婦や子どもとの関係性はもちろん、自分を育ててくれた家族の大切さをゲストに伝えたい、と二人は話してくれた。というのも、新婦はいわば元ヤンキーで、小さい時にお父様が他界され、一人で育ててくれたお母様に散々反発した時代があった。あるきっかけから、数年間口をきかなかったお母様と、いつか向き合わなくてはと思ったものの方法もわからず、メールでのやりとりが精一杯。それでも、一言の「ありがとう」や「おかえり」が、少しずつ二人の距離を近づけていき、今では誰よりも大好きなお母様だと話してくれた。お母様とバージンロードを歩くという夢を持って、ずっと決めていた北海道の教会で挙式をしてから、東京で披露宴を開くことを予定していた。その東京の披露宴を私たちが担当することになった。

私は、GREAT FAMILY WEDDINGというコンセプトを提案した。家族の偉大さをみんなが感じ、ゲストが思わず帰り道で親に電話をしてしまうような結婚式を創る。二人とゴールイメージを決め、一丸となり準備を進めていた。そんな二人を襲ったのが、まさかのお母様の病気。病名は癌《がん》だった。お母様の治療はうまくいかず、結局病院から外出許可が下りないという理由から、直前で北海道での挙式はキャンセルとなった。いつかお母様が元気になったら、その時に一緒にバージンロードを歩くという夢を持って、お母様のいない挙式はしなかった。ただ、東京での披露宴だけはゲストを招待してしまっているので、そのままおこなうことに。お母様にもスカイプで参加してもらうために、病室でその練習をしていただいた。私たちは毎日、二人の結婚式の準備をしながら祈った。お母様にどうにか元気になってほしい、と。

そして、迎えた当日。二人は会場でスカイプにつないだお母様と対面した。涙する二人、ゲスト、そして私たち。「きれいだよ」と何度もお母様は、新婦に伝えていた。強がりながらも、新婦も涙しながら、「ありがとう、ほんまにありがとう」と伝え続けていた。パーティ中はずっと理恵がお母様とスカイプでつながったパソコンを持って、「いま乾杯しますよ」「二人が入場されました。見えますか?」などと、病室のお母様が取り残されないようにと、絶えず話しかける。お母様は、いろんな葛藤を乗り越えて育てた、娘の晴れ姿を何度も涙しながら見ることができた。

この結婚式は、家族の温かさを感じられる装飾にして、パーティはワークショップ形式にした。結婚式の返信ハガキで事前に二人に聞きたいことを集めていて、それをもとにパネルディスカッション形式で司会と新郎新婦がテンポよく進めていく。ゲストにマイクが振られたりして、たくさんの笑いと、「家族っていいな」という気持ちが温かく会場内にあふれていく。その後、新婦の家族ストーリーVTRにはほぼ全員が涙し、新婦が自ら真剣に伝えた家族の大切さの話は、スカイプ越しのお母様の心にも、ゲストの心にも深く届いたのだった。

また、この結婚式がきっかけとなり、新しい家族が生まれたらすてき！　ということで、初対面の人同士が一緒のテーブルに座る席次にしていた。ワークではゲストに「いま、（自分の）家族に伝えたいこと」を葉っぱ形のカードに書いてもらう。初対面同士でも、家族のことをオープンに話すことで、テーブルはすっかり打ち解けていた。お母様への手紙の後、新郎から新婦と、遠く離れた病室のお母様への同時の花束贈呈のサプライズも成功。最後に、デザートを食べてテラスに出ると、一本の映像が流れ始めた。返信用ハガキで事前に聞いていた「あなたにとって家族とは」の答えと、送ってもらったゲストの家族との写真がムービーになっているというサプライズだ。GREAT FAMILY WEDDINGのロゴになっている大きな木が、先ほどゲストの書いた手紙で表現をされているモチーフに、ゲストは感嘆の声を漏らす。

こうして家族を感じる結婚式は無事に終わったのだった。

後日、このときのゲストが書いた「家族へ伝えたいことカード」は、新郎新婦が丁寧にメッセージを添え、ゲストのもとに届けられた。それは、ゲストに当日の空気を思い出させた。後に、この結婚式に出席したゲストの何名かが、家族をテーマに自分なりの結婚式がしたいと伝えてくれた程だった。

残念ながら、お母様は夢だった挙式を待たず、この日から半年後に他界されてしまった。為《な》す術なく自宅療養を宣告されたお母様のために私たちは、自宅の庭での挙式の準備をしようとした矢先のことだった。療養中、お母様は当日の写真を何度も見ながら、「もっと、子どもと孫のことを見ていたい」という想いでがんばられたという。その希望を与えられたこと、そして多くの人たちから、「結婚式に招いてくれてありがとう」と言われることが二人の救いだった。お母様のご葬儀にメンバー全員からメッセージを届けながら私たちも、この二人の結婚式を創ることができたことを誇りに思ったのである。

プロセスが違うから結婚式が違う

ほかと違う結婚式は、どのように生まれるのか。私たちは、結婚式の当日に、いきなりすばらしい結婚式が生まれるとは思っていない。よくある一般的なプロセスでは、いつもの結婚式が生まれるし、クリエイティブで本質的なプロセスでは、そのような結婚式が生まれる。ゲストを想ってプロセスにこだわり、二人がとても努力している結婚式は、それが必ず伝わると私は思っている。

そのプロセスの中で、何より私たちが大切にしているのはコンセプトだ。

コンセプトとは、お客様である二人が結婚式をする「理由」に他ならない。二人がその先の未来でも立ち返ることができる、人生のコンセプトを私たちは結婚式のタイミングで言葉にしていく。目の前の二人の本当の声を聞き、その本質をコンセプトとして紡ぎ出していく。人生の背景、結婚した理由、大切にしている価値観、ゲスト（＝人生で大切な人たち）と共有したい空気感、伝えたいメッセージを、独自の視点から切り取りカタチにするのがコンセプトである。そのコンセプトの決定とそれをコンテンツ・ビジュアルに落とし込める力こそ、私たちのウェディングが他と違う輝きを発する最大の理由だ。

コンセプトには力がある。それは、結婚式の準備のはじめに、自分たちがこの結婚式でたどり着きたいゴール、人生で目指したい二人のイメージが見えるから。二人が何色を好きとか、この場所が好きなどという、目先の好みではなく、結婚式や人生で到達したいイメージを話の中から捉え、コンセプトを導きだしていく。

私たちにとって、コンセプトとはその二人の本質を美しくユニークに表現すること。コンセプトは、私たちの結婚式において、何よりも偉くて大切な存在として扱っている。そしてそのコンセプトがあるから、その日に向かって自分の力を超えて挑んでいけるのだと思う。ただ、「なんとなくピンクが好きだからピンクの結婚式をやりましょう」というのとはわけが違う。二人の人生から絞り出し、紡ぎ出したこのコンセプトは私たちの存在意義のすべてなのだ。

私たちは今後もいくら忙しくても、お客様が増えても、コンセプトだけはアナログに、お客様の数だけ生み出す。コンセプトがない結婚式を私は創ることはできない。それは私にとって、お客様が介在しない結婚式と同意だから。私はコンセプトのある結婚式を通して、コンセプトのある人生、意志やスタイルのある人生を提供することを目指している。そして、私たちと結婚式を創ったお客様なら、このコンセプトのパワーを知り、人生にもコンセプトを持って生きることの価値を見出してくれているだろう。

今の決まった流れにのった二時間の結婚式では、新郎新婦のことが、とても伝わりづらい。それはきっと結婚式のプロセスに、二人が参加できていないからだと思う。多くの人が、結婚式の準備は大変で、毎回の打ち合わせはつまらないと話す。決まったプロセスの中で、オプションを金額で選んでいく打ち合わせ。ドレス、お花、試食と、たらい回しにされて、プランナーを介さずお客様の選択に任せて、統一感なく進んでいくプロセス。その中でお客様が自発的に何かとても工夫をしないと、現状はオリジナルの結婚式は作れない。それはとてもハードルが高いことだ。

オリジナルのプロセスは、オリジナルの結婚式、そしてオリジナルの人生につながっていく。意志を持って決めていくこと、選びとること、そこに挑むこと……そのすべてがその後の人生につながっていくと私たちは思っている。今まで自信がなかった二人が結婚式を通して、結婚式でこういうものを実現したいと決めて、それが実現されたときに「自分にできることの大きさ」に気づいて涙したり、自信を持ったりするプロセスこそ、私たちが提供したいものだ。結婚式でしか向き合えないものと向き合って、親御さんとの人間関係や、二人の関係を見つめ直し、友達に伝えたいメッセージに挑める機会は度々はない。

そして同時に、夫婦で第三者の誰かと一緒に目標に向かって走れるチャンスもそうはないと思う。私たちは、二人が決めたTHE DAY（結婚式の日）まで一緒に、二人が目指すものに向けて妥協を許さずひた走る。

オリジナルプロセスの葛藤

オリジナルのプロセスを大切にすることは、より高度なものに挑むということ。もちろん、それは簡単なことではなかった。一般的な会場主体の結婚式で華麗に効率化されたプロセスを、私たちは敢えて退化させていく必要があった。最初の面会で二人の話を伺い、コンセプト・ストーリーを提案し、初回の打ち合わせでは、コンテンツのブレストをする。その後は、二人のコンセプトと意見、想いを中心にすべてのものごとがゼロから作られていく。コンセプトをもとに多くの選択肢の中から二人に本当に合った会場を決める。アートディレクターがデコレーションのヒアリングをして、ビジュアルを実際にデッサンで描き、提案していく。そして、何のルールもないまっさらなところから、コンセプトに沿ってコンテンツを一緒に決めていく。

毎回がまったく新しいコンテンツで、新しいデコレーションのため、もちろん私たちも大忙しだ。私たちはその都度どんなに難しくても、「これだ」ということにはとことんこだわった。

たとえば、新郎がプロポーズをしたベトナム・ホイアンの「ランタン祭り」を再現するとなれば、ベトナムからランタンを大量に輸入した。また、どうしてもこの場所で挙式をしたいという場所があれば、国や県の地方自治体にまで交渉してプレゼンをした。一見、そこまでするのかと思えることでも、それがその二人の結婚式に不可欠だと思えば私たちは挑んだ。

もちろん、当日のオペレーションは通常の結婚式の比にならない。毎回まったくのゼロから作るだけに、全体進行表を作成するだけでもかなり複雑だ。司会者やクリエイターたちと、どんな空気感が作られる必要があるか打ち合わせを重ねる。スタッフとも同様だ。新郎新婦の二人がどんな人で、どんなコンセプトなのかを共有したうえで、当日の各人の動きを入念に確認する必要がある。当日は四時間以上前から現場に入って、デコレーションとリハーサル。そして全員でグラウンディング（事前打ち合わせ）をして現場のサービススタッフたちと心を一つにしていく。

頭では明らかに理想のサービスだと思えても、既存のものとは違う大きすぎる負荷に自分自身が負けそうになることもあった。「ここまでやらなくても、いいものはできる」、そう思うことだって正直あった。私たちはしんどくても、最後の一歩を踏み出すことを決めている。楽な結婚式を目指しているわけではないという強い出発点が私たちにはあるからだ。時には泣きながら、時には頭を下げて、時にはみんなに訴えながら、私たち自身もその二人の結婚式に懸けて挑んでいる。最後に、「今日のウェディングは最高だった」とクリエイターや当日のスタッフ含め全員で泣ける結婚式は、提供側の私たち自身のプロセスも一般とはまるで違うから実現するもの。

多くの人たちは、用意された一般的な結婚式までのオペレーションに、流されて当日を迎えてしまう。だから、二人らしさや温度感が当日の結婚式に存在しづらいと私は思っている。私たちの結婚式が大切にしているのは、結婚式の主導権を二人に戻すことだ。プロデューサー、デザイナー、クリエイターたちはクリエイティブな提案をするものの、その出発点には常に二人の意見が求められる。常に二人が主役で、常に二人が考える。葛藤したり、悩んだりしながら、二人は助け合って、意思決定や準備をする。そのことが結婚式ににじみ出るから、当日の空気が普通の結婚式とは明らかに違うのだ。このオリジナルのプロセスはやってもやらなくてもよいわけではなく、私たちのコア。これこそが結婚式でもっとも重要なことだと私は信じている。

オリジナルウェディングへの壁

「最高の結婚式を目指す」。その高い決意を持った私たちのもとには、もちろん容赦のない壁が現れ続けていた。専門会場でのパッケージウェディングが一般的な日本において、完全オーダーメイドの結婚式を創り上げるということは、その一つひとつが過酷な闘いだった。今まで日本で不可能と言われたことに挑戦する重みを、私たちは早くも痛感した。とくに私たちにとって困難だったのが三つの大きな壁だった。会場がないこと、プロセスが煩雑すぎること、お客様に出会えないこと。この三つの壁に最初の数ヵ月は試行錯誤したのだった。

一つ目の壁は会場がないということ。お客様と面会をして、こんなウェディングがしたいというコンセプトとストーリーが浮かんで、そこに合う会場をイメージして探す。この理想の会場がなかなかYESと言ってくれないことが多かった。理由は二つあって、一つはすでにパッケージウェディングをしている場合は、会場は付帯事業といわれるカメラ・ドレス・メイク・引き出物などの中間マージンで利益を出しているため、フェアな価格で不当な中間マージンを廃止している私たちが入ると、会場側の旨味が減ってしまう。もう一つは、結婚式をしたことがない会場の場合、仕事は増えるし、オーダーメイドのための要望が多く、私たちが希望する結婚式ができると思えないなどと言われてしまうのだった。

電話しても電話しても〝ガチャ切り〟(「無理です」と一方的に電話を切られてしまうこと)をされることが多く、当時は使える会場はもう世の中に存在しないのではないかと、森ちゃんや理恵に泣きついたこともあった。会場がなければ結婚式はできない。会場から決めるウェディングをおこなう日本において、お客様が会場にかける期待も大きく、事実として会場が与える影響は少なからず大きかった。どうにかして会場を開拓しなければと、チーム内で話し合いをして、漫画『ONE PIECE』(集英社)のテンションで海賊王ならぬ「会場王になる!」とエクセルの表を作り、会場開拓の壁に私たちは挑んだ。スクリプト(台本)を考えて、相手のメリットを提示して、とにかく面会につなげる電話をかけて、対面で熱い気持ちを伝えていく。

この作戦はアナログではあるが、やはりお会いすると、相手との距離は一気に近くなり、私たちの純粋な想いが伝わっている実感が持てた。それでも使えない会場はもちろんあったが、チャンスをくれた会場さんとは、一つひとつの結婚式でこだわりを持って創り込んでいく。目の前のウェディングの圧倒的なクオリティが、他の会場さんが門戸を広げてくれるきっかけになることを信じて、目の前のウェディングに魂を込める日々が続いた。

二つ目の壁は、とにかくプロセスが複雑で多すぎるということだった。日本ではオーダーメイドのウェディングは不可能だと言われている理由を、事業を始めてすぐ、心から理解することになる。答えは単純で、その工程自体がただ単に本当に大変だということだった。ざっと数えてみても、当日までに四〇〇を超える工程があるのである。何か一つでもオリジナルなものをプロセスに組み込むと、検索・発注・確認・製作・当日のオペレーション・リハーサルなど、作業が軽く一〇工程以上増えるのだった。普通の会場はそういうイレギュラーがほとんどない、毎回がほぼ同じ内容でオペレーションをしている。三〇分程度の打ち合わせで現場を回せてしまうのはすごい効率だと感心する。確かに効率化・汎用化・経済合理性を目指していたら、オリジナルを受け入れていられないことは容易に理解できた。しかし、理想から考えると、大変でも挑むべきところ。できるかできないかの議論ではなく、「どうやったらできるのか」だけを考え続けた。

　三つ目の壁は、お客様に出会えないことだった。ここまでは、すべてクチコミでお客様に来ていただいていたのだが、このままでは小規模でしか発信できないと思い、新しい形のマーケティングができないかと考えた。インターネット・ソーシャルの時代だからこそ、逆に信頼を礎にしたアナログなマーケティング方法がよいのではないかと、私たちが取った方法は、交流会や勉強会に顔を出すというシンプルな手法。世の中にある勉強会や交流会を調べて、感度が高い人たちが集まりそうな場所に、理恵が行ってリアル・マーケティングとして出会っていく。

　伝説の営業ウーマンの理恵ならいけるだろうとチーム内で盛り上がったものの、いざ取り組んでみると手応えがおもしろいほどなかった。週末三ヵ所のバーベキューに顔を出す日もあったが、努力の甲斐なく、この方法は一向に成果が上がらなかった。成果が上がらないばかりか、セルフコントロールの得意な理恵のテンションも下がっていったため、一ヵ月で効果がないとみなし戦法を変えることに。

まさかのクレーム

ブランドの立ち上げから半年、二〇一二年の秋。ある週末に大成功したと思われた結婚式のお客様から一本の電話が入った。それは、私たちが初めて受けたクレームの電話だった。会社は一気に凍りついた。原因はとても些細なこと。私たちの判断ミスと対応ミスで、その結婚式をどうにか成功させよう、全体をうまく設計しようとしていた中で起こしてしまったものだった。私たちが最善と思ってしたことは、言われてみれば確かに納得できる、完全なる判断ミスによる不手際だった。

それは、品川駅からバスを用意して、ゲストを郊外の大自然の中に招待するという、すばらしい結婚式だった。しかし、充実感あふれる帰りのバスに、私たちは当日のスタッフも同乗させてしまったのだった。もちろん、私たちには何かを誤摩化す気もなかった。小さな判断ミスが引き起こす問題の大きさと深刻さを受け止めた。ちょうどそのとき、全国各地に出張に出ていた私たちは、すぐに連絡を取り、最短で集まり話し合った。

私たちは、この結婚式のプロセスを洗い出し、二人のお宅に謝罪に向かった。心を込めて創った結婚式。二人もゲストも当日は本当に喜んでくれて、涙を流して何度も何度もお礼を伝えてくれた。しかし、一つの判断ミスでお客様の心に、暗いものを残してしまうのだと、その空気から痛いほど感じる。伝えてくださる二人の「残念だった」という言葉に悔し涙がこみ上げてきた。私たちにできることは、誠意を尽くすことしかなかった。そして「こういう結婚式を求めている人は、もっとたくさんいると思う。これからもオリジナルのウェディングを増やしてほしい」、そう伝えてくださった二人の言葉を真摯に受け止めて、改善することだけだった。

このことは私たちに暗い影を落とした。でも、だからこそ前へと進むパワーと慎重さを併せ持つことができた。今もただ二人の幸せを祈り、このことに感謝して、忘れずに前に進むしかないのだ。前例がないことに挑み、前に進めば何かが起きる。しかし、それを恐れて立ち止まれば、私たちの事業価値もなくなってしまう。ミスは許されない、だからこそ私たちはプロとして、人生で一度きりのお客様の結婚式一つひとつに、並外れた気持ちで挑むのだ。

そして光を見出す

クレームを乗り越え、私たちは一層心を新たに、強い気持ちで壁に立ち向かった。解決しない問題はないという信念のもと、答えや方向性が見えてきた。私たちの強みはやはり、人材力だった。私たちの理念や、今後のビジョンに共感してくれた仲間たちは、超優秀なメンバーたちばかり。会社を経営していた人も複数参戦し、規模数千人企業の人事トップに、敏腕クリエイターと、次々にメンバーが増えていった。なぜそんなにも優秀な人たちがここに来てくれたのか。それは「世界を変える」という大きなビジョンを見据えた、社会構造を根本から変える事業・会社・仕事・働き方に共感してくれたからだ。儲けるためではなく、理想のサービスを提供するために、私たちは目の前の問題をその優秀なメンバーと共に解決していったのである。

その後も会場開拓は続いた。そして少しずつ、開催ができた会場との確実な信頼関係を築いていった。中には、ウェディングにいい印象を持っていなかった会場の方が、当日の内容を見て涙されたり、「もっと一緒に仕事がしたい」「とても勉強になった」という声をくださったりした。また、メディアで取り上げられることも増えていき、一つ、また一つと増やし続けた会場開拓は、信じられないことに一〇〇ヵ所を超えていった。今もどんどん開拓は進んでいるし、最近では日本を代表する高級ホテルでも、開催の許可をいただけるケースも増えてきた。私たちやこの業界が、新しいフェーズ（段階）に入ってきていることを、この短い期間でも強く感じる。できる会場がないかもしれないと嘆いたあの時が、もうすでになつかしいほどだ。

煩雑なプロセスは理想からの逆算で形になった。私たちには「非効率を愛する」という合い言葉があった。結婚式という一生に一度で、個人的なイベントにおいて、あるポイントでは非効率であることは自然で、とても好ましい重要なことなのだと考えていた。完全な効率化・汎用化の中に理想のウェディングはない。すべてを大変にする必要もないし、もちろん効率化・システム化することも大切だ。しかしながら、効率的にしてはいけない部分は必ずある。それが一人ひとりと向き合うこと、この二人にしか描けないコンセプト・ストーリーを、毎回アナログで紡ぎ出すことだと私たちは決めた。そして、膨大なプロセスはプロジェクト・マネジメントの方法を強化することで、現実に落とし込めたのである。また非効率を愛するということは、人として相手に向き合うこと。プロデューサー本人がどれだけこの仕事を愛し、のめり込めるのか、ということも大きなポイントなのだ。

そしてマーケティングは、やはりウェブとソーシャルメディアに行き着いた。地道に営業してくれた理恵には申し訳なかったが、やはりウェブとソーシャルメディアにはパワーがあった。スーパーウェブマスターの榊が入社して、一週間でウェブサイトができた。そこで業界とは桁違いに安い広告費で集客が可能になったのである。業界では二〇万円とも言われる、一組のお客様が成約するのにかかる金額を、私たちはその当時三〇〇〇円程度にまでおさえることができた。通常、高すぎる値段設定になってしまうのは、良い（高価な）立地に立派なハコを立てて、それを広告に大きく載せないとお客様が来ないという業界のセオリーが生み出すものだった。巨額の設備投資と広告費が、異常に高い結婚式を創り出していたのである。私たちは、その分の金額を、一流のクリエイター、プロデューサー、アートディレクターという「人」に割り当て、プロが創る高いクオリティの結婚式を妥当な価格で提供していった。ウェディングの大きな問題の一つ、パッケージウェディングという「内容に見合わない高すぎる価格」を、私たちは解決することができた。巨額な設備投資のかかる自社会場を持つことと、競合誌のない高単価媒体への広告掲載という業界の常識を回避した、新しいビジネスモデルを確立し始めたのだった。

現在は、フェイスブックに一万四〇〇〇「いいね！」（二〇一四年二月現在）以上をいただき、そこからのお問い合わせが全体の半数を超える。圧倒的なソーシャルメディアマーケティングが実現していったのだった。

拡大の決意

壁を乗り越え、事業は納得のいく形で進んでいた。ずっとこの仲間と一緒にいたいと思うほど、私たちはとにかく幸せな毎日を過ごしていた。ここまでの人生の葛藤や、苦しかった過去を思うと、思わず泣いてしまいそうになるほど、幸せな日々である。森ちゃんとは、今後について話す機会が増えていた。今がすばらしいという事実は事業拡大に対して、私を少し臆病にさせていた。大きくしたら失ってしまうものがあると思ったのだ。「人はできる限り増やさないほうがいい。一気に拡大させないほうがいい」というビジネス・セオリーは、私の心に重く響いていた。この会社の空気感や、サービスのクオリティを失ってしまうことが私の恐怖だった。

一方、世界一の実業家になることを本気で目指す森ちゃんに、拡大への迷いはない。理想を絶対に譲らずに、拡大はできると森ちゃんは言い切っていた。「僕たちは普通のレベルを目指しているのではない。今までの常識は関係なく、理想から考えよう」。そう言い、リスクを抱えてでも人材に投資して、一気に拡大をしようという意見を持っていた。いつも一緒に物事を決めてきた森ちゃんに、この時ばかりは手放しで賛同することができなかった。

そんな私だったが、いくつかの出来事が重なり、迷っていた拡大を決意した。その一つが、最も尊敬する経営者の一人に創業祝いでいただいた、モンゴルへのビジネス視察旅行に行ったことだった。大学卒業後からお世話になっているその方は、今の私たちのオフィスが創業から一年未満という理由で、不動産会社の審査が通らないときにも、連帯保証人になってくれた恩人である。その方にいただいた機会で、日本を代表する経営者、大学教授、社会事業家のそうそうたるメンバーと共に、これからビジネスが大きく発展すると言われているモンゴルへと向かった。現地の不動産、金融等のビジネスや、学生にも触れ、移動中のバスでは参加者とビジネスや人生についての話をする。経営やイノベーション、さらにはこの人生で何を成し遂げるかなどについて、二〇~三〇歳も年の離れた経営者の方と話す機会に恵まれたのだった。私は私たちのビジネスモデルや業界の実情、実現したい未来、抱えている課題や未来の展望を話し、ビジネスモデルや今後の展開について議論した。その議論は私の価値観を良い意味で揺るがしてくれたと今でも思う。この視察に連れてきてくれたその経営者は、視察旅行の最後に私に伝えてくれた。「拡大をしたほうがいい。本当に世の中のために、社会のためになると信じてやっている事業なのだから、できるだけ多くの人の受け皿になれる方法を考えよう。咲ちゃんなら必ずできるよ」と。

私は、その時には本当にそのとおりだと思えていた。「幸せな今」を守っていては駄目だ。私たちは、もっと大きなことをするために、世界を変えるために集まった仲間なのだ。私はそれを思い出し、また強く決意した。「一つでも多くの、意志のある人生を創る」。そう誓って立ち上げた事業だからこそ、私たちは挑まなくてはいけない。たとえいばらの道だとしても、それこそが私が最初に望んでいた未来。そう考えた瞬間、今まで担当してきたお客様の顔と、結婚式の最後に私たちに伝えてくれた言葉が、一気に浮かんできた。お客様と一緒に創った結婚式のあの空気が蘇り、事業を拡大する勇気をくれた。そして、私たちは拡大に向けて舵を切った。

うれしい悲鳴とリアルな悲鳴

事業開始から半年で、安定的にウェブからの申し込みも増えてきた。二〇一三年春、設立一周年を控え、結婚式のトップシーズンということもあり、忙しい毎日を送っていた。今まで月に二〜三件だった結婚式は、四〜五件という倍近い数字になっていた。

この時期、最初の問い合わせから面会、コンセプトの提案までを私が、当日までのプロセスの進捗を理恵が、それぞれたった一人でおこなっていた。毎日深夜・明け方まで仕事をしても、一気にお客様が増えてしまったことにより、こだわりたいのに、そのアクションが後手に回ってしまう部分もできていた。クオリティは絶対に落とせない。増えていく問い合わせ。うれしい悲鳴と、あまりの忙しさゆえのリアルな悲鳴があがるようになった。

理恵はオフィスで「もっとお客様にきちんと応えたい」と涙することもあった。「もっと多くの人の期待に応えたい」という思いとクオリティへの危機の両方が高まり、私たちはもう一度会社で何を大切にするかを考えた。私たちは、信じてくれた目の前のお客様を大切にすること、ベストなサービスを提供することが重要である、と優先順位を決めた。そして、それでも私たちは、拡大を諦めないソリューションを考えた。私たちはこうやって常に、第三の解があるという視点で、現状と向かい合ってきた。目の前のお客様か、拡大か、どちらを取るかではなく、どうすればどちらも大切にできるかということだ。どちらかを選んで妥協をすることは、解決ではなく、諦めだ。両方をどうしたら得られるかを考えることが、偉大な未来を望む私たちのあり方だと思ってきた。

私たちは大きな壁の一つ、煩雑なプロセスについて、もっと具体的に解決するための体制を作ることにした。とくに、理恵が担当していた会場開拓や会場とのやり取り、発注関係など細かいタスクを洗い出し、フローを確定して、そのことだけを担当するサポート部門を作った。効率化するべきところを明確にし、プロデューサーがより時間をかけるべき仕事やクリエイティブな仕事ができるように仕組みを作り、システム化した。

この少し前に、広告代理店出身の土屋杏理もプロデューサーとして参戦。女子全員が三〇歳で人生を懸けた挑戦をする、スーパー・プロデューサー・チームは、格段にレベルアップしたのだった。これにより、プロデューサーの仕事が明確になり、全社としてもチームでこのすばらしいウェディングを創ろうという空気が生まれた。大騒ぎの春のシーズンを私たちは全員で乗り越え、うれしい悲鳴とリアルな悲鳴をあげながら、もっとレベルアップしていった。そして、もっとひとつになっていった。

第六章 最初の一年を超えて

一周年パーティ

そして迎えた創業一周年の六月。私たちの一年はあっという間だった。最高以外を許さず、地道にかつ最速の努力を重ねて、事業の輪郭が作られていった。結婚式は毎週末や、月に六回の開催も可能になった。スタート時には想像もできなかった大きな進歩だった。

目の前のお客様に全力で向き合って、でもその先の大きな未来に挑みながら、妥協なく事業をしよう、そう励まし合って、気がつけば、crazyは業界でもかなりの認知度を持つブランドへと成長していた。「いつか絶対にやりたい」という夢だったウェディングセミナーも実現した。毎月五〇名を超える結婚式を挙げたいお客様が、crazy weddingセミナーに来てくれるようになっていたのだ。売上は一億円を越え、多くのメディアにも取り上げられた。たった一年、でも私たちにとって本当に大きな一年だった。

改めてこの一年を振り返ると、そこには大きな成長があった。まず、オフィスが変わった。東京・駒込の六〇㎡賃貸料二〇万円ほどの事務所兼自宅のオフィスから、市ヶ谷の二〇〇㎡で六〇万円ほどのオフィスへ移転。たった三人で始めた事業は、新卒採用のメンバーも入れて一〇名になった。

新卒採用の背景には、一人のインターン生の存在があった。その子は、創業前におこなった、私の講演会に来てくれた大学生。どうしてもインターンをしたいと、講演後すごい勢いで私に訴えてきてくれた。希望者は何人もいたものの、私はその子をたった一人のインターン生に選んだのだった。女子学生の小守由希子ちゃんを、まだ小さくてこれからの成長に期待するという意味を込めて「こゆっきー」と呼び、私はかわいがっていた。こゆっきーは半年以上、ほとんど毎日うちに通い、私たちの会社を照らしてくれる太陽のような存在だった。

能力があるけれど、自分自身にまだまだ自信が持てないこゆっきーは、どこか昔の私に似ていて、日々彼女の成長を見守ることが私の、そして私たちの日常だった。私の宝物みたいな存在のこゆっきーは、就職活動の時期を迎えて、私たちの会社に入社するのが夢だと話すようになった。もちろん採用したかったけれども、さすがにまだ創業一年未満、容易にできる意思決定ではなかった。「うちは、今年まだ新卒採用をする余裕がないから、就職活動しなきゃだめだよ」。そう伝えると、こゆっきーは純粋に涙を流していた。就職活動のイベントに出れば、女子学生で採用したい人材ナンバーワンになれるような超優秀なこゆっきー。就職活動をしながらも、私たちの会社への入社の夢を諦めなかった。そんな中で、「こゆっきーを採用できるくらい、会社を大きくしよう」。私たちメンバーは、そう心に決めた。

その後、事業が順調に進み、無事にこゆっきーを採用できることになり、その他にも数人の新卒採用ができるようになった。だからこそ、このメンバーで迎えた一周年は、とても大きな意味を持っていた。

私たちは創業当初より、メンバーの昼食は、産地にこだわった野菜を中心とした手作りの自然食を提供している。それは、私たちが社員の健康を経営の第一目的にしているから。専属でご飯を作ってくれているメンバーは「偉大な人たちが一日でも長く生きられるように」と、いつも話してくれる。もちろんこの創業一周年パーティのときも、自慢の手料理でゲストを迎えた。一年前よりも広くなったオフィスに、crazy weddingを一緒に作ってくれた方々を招待する。一年前は知り合っていなかった方々がたくさんいる。

私たちは、「US DAY」というコンセプトでパーティをおこなった。来てくれた一人ひとりがいたから今があるのだと感じてもらおうと、部屋には、crazy w eddingの歴史を写真付きで飾り、会社の歩みを社員全員でプレゼンテーションした。私の想いから始まった事業が今日を迎えるまで、一人、そしてまた一人がどんな想いでジョインしたか、そして決意を伝える。大好きな人たちが温かい空気をオフィスに残して帰っていった。

パーティの後に、メンバーみんなで片付けをした。そして、その頃には増えていたインターン生たちに、一人ひとりのことを考えて買ったプレゼントと、「いつもありがとう。あなたがいるから今があるよ」というメッセージを渡す。すると「家族のような会社があるのだと知ることができたこと、自分に自信が持てたこと、そのすべてに本当に感謝しています」と、インターン生たちはまっすぐな言葉で伝えてくれた。

全員が理想の人生を目指し、組織に雇われるのではなく、自分で自分の人生を生きることを選んだメンバー。社会的に評価される、肩書き・キャリア・多額の給与よりも、自分が心から「こう生きたい」と思う人生を生きると決めた人たちだけが、そこにいた。意志を持って生きることが生み出すパワーやエネルギーを、私たちと触れた人たちは絶対に感じると思う。「なんとなく」という生き方を選ぶことも、「こう生きたい」を貫く人生も、両方があるのだということを、私たちは全員知っていた。勇気を出して、意志を貫く人生を選んだすぐ先に、こんな毎日が待っていることを、私たちはこの世界に、声を大にして伝えたいくらいだった。

ウェディングに新しい構造を

この一年、たくさんの結婚式を創り上げながら、喜んでくれるお客様を見続けてきた。その中で、私に今までとはまた違う使命のような気持ちが湧き上がってくる。それは、私が一顧客として感じたあの時の違和感、理想と遠いと嘆く業界の人の話を聞いて感じた違和感の背景に潜む、この業界の大きな構造自体に挑みたいという想いだった。

ウェディングの業界が抱えている問題はたくさんあったが、それを指摘することが解決には直結しないということを、私は認識していた。だからこそ、私たちはこの業界の問題を画期的に解決する一つのモデルやプラットフォームを創ろうとした。

今の結婚式は九九パーセントが会場の提供するパッケージ化された商品だと言われている。「誰の結婚式に行っても同じに見える」、そう、うちに来るお客様が嘆くとおり、パッケージの中で選べるのは松竹梅のランクのちがいくらい。パッケージだから楽だというメリットはあるものの、パッケージの中にオリジナルの要素を持ち込もうとすると「持ち込み料」がかかり、自由にできる範囲は極端に少ない。二人にとって巨額のお金をかけるのに、「何をしたいですか」ではなく、限られた項目の中から「どちらがいいですか」というチョイスが現状だ。これは、かつて良い会場で結婚式を挙げることがステータスだった時代に適応した画期的な仕組みであり、要望を聞かれても答えることができない日本人の特性に合っているものだ。問題は、消費者のニーズは大きく変わっているのに、業界のサービスはずっと変わってきていないということだった。

欧米では、フリーのウェディングプランナーを自分たちで選び、テーマを決めてから、会場やカメラマンを手配する。日本の結婚式とは根本的に違う。日本の結婚式は、会場のルールとパッケージに、二人が合わせていくスタイルをとっている。二人の個性や要望を中心にしたら、あのようにみんな同じ結婚式が大量に生産されることはないだろう。

なぜこのような仕組みは変わらないのだろう。ただでさえ結婚式とは数百万円もする買い物だ。もっと言えば、「一生に一回だから」という謳い文句で、初回の提示額から一〇〇万円以上最終的に値上がりすることが珍しくない。二時間のパッケージで平均四〇〇万円程度と、効率的でかつ信じられないくらいの高単価商品である。パッケージ商品を求めている人も間違いなく存在し、商業的にはとても優れたビジネスモデルだと言えるだろう。ただ、これからの時代を考えると金額に見合った商品価値がなく、ニーズに合致しないと私は考えたのだった。業界では平均五〇パーセントに近い中間マージンが各アイテムに乗せられているが、それは前述した広告費と設備投資からくるものである。高い土地に、高い会場を建て、巨額の広告費をかけて集客をする。お客様は契約した時点で、この仕組み自体にお金の多くを支払うことになるのだ。そして、会場側はこの巨額のお金を回収するために、ほぼ土日しか開催されない結婚式を、限られた日数でたくさん回転させて回収しなくてはいけない。だからその中でオリジナルの結婚式を作ることは、仕組みとして難しいのだ。この業界に、良いものを目指していない人はいないのに、良いものを作りづらい仕組みがあるのだ。私はこの構造自体が問題であると強く感じていた。

いま多くの人が求めている要素は、一体感・カジュアルさ・盛り上がり・感動・世界観・演出などであり、会場というハードではないのである。多くの人はその理想と現実のギャップに気づいていない。みんな、自分が望む結婚式ができると思って、広告を見て、会場を決めて、準備を進める。もちろん結婚式初心者のお客様が「あれ、なんか違う」と感じるのは、勘の良い人で本番の数ヵ月前、そうでない人は終わってからという塩梅《あんばい》だ。文字どおり、人生で一度しかないため、もう一度やり直すことはできない。そもそももっと勘の良い人たちは、近年結婚式をしないという人も多い。または、私たちのような協力者を探すか、友達と創り上げるというチョイスをしている。結局、初心者には見分けにくいパッケージウェディングは、一度しか体験できないというブラックボックスに守られているのである。理想と違う結果になっても、その理想自体が具体的に存在していないために、認識することができない。だから今も変化する兆候がない。

　気づいてみれば、お客様だけでなく、クリエイターや関連業者など、本当に驚くような人たちが、事業そのものというよりも、私たちが目指す世界観を共に目指そうと集まってくれていた。「時は来た。次の挑戦をしよう」。私は新たな問題解決の意志を持って、事業を加速させていった。私たちの未来は明るいと信じ、社会構造を変えるインパクトのある仕事を私たちは目指した。

広がる反響

創業一周年の前後で私たちは、多くのメディアでそれまで以上に取り上げてもらうことが多くなった。大きな一歩だったのが、当時の『ゼクシィ アネーロ』（現『ゼクシィプレミア』〈リクルート〉）の表紙を飾る作品を、私たち、ｃｒａｚｙ ｗｅｄｄｉｎｇのチームで創ることができたことだった。そして立て続けに、日本経済新聞朝刊の生活面に大きく取り上げられ、そこからテレビ取材なども一気に増え、講演依頼やこの本の出版の話も、同時期くらいに形になっていった。

私たちがここまでひた走ってきたことが、成果として認められる度に、チームは大盛り上がり。それもそのはず。たった一年前は誰もが不可能だと思ったことが、こうやって多くの人に認められている奇跡を、私たちは人生を懸けて創り出しているのだ。一歩一歩、私たちは道を切り開いているのだということをかみしめながら、忙しい毎日を過ごしている。「意志のある人生を生きる人を、一人でも多く増やしたい」、そう思って進んできた道は、少しずつ開かれていた。

同時に知名度が増すということは、賛否両論の対象になることでもあった。少なくともこのころには、ここまでのオリジナリティのレベルを、年間にこの規模でおこなっているのは、日本に私たちしかいないと思われるレベルにまで成長していた。業界向けにセミナーをすれば、多くの人が集まるようになる。反響と同時に、私たちを非難する人たちも現れるようになった。このエッジが立っているスタイルを、クレイジーで派手なものと捉え、「日本文化をわかっていない」とか「調子にのっている」という業界内の言葉を、人づてに耳にしたのもこのころだった。

最初は落ち込んでいた私だったが、いつの時代も新しいものを生み出す人たちは、クレイジーと呼ばれるのだと自分を納得させた。当たり障りのないことをしていてもしようがない。偉大な発明家や、時代を変えた人たちは日の目を見るまで、たくさんの批判も受けた。それでも、常に現状に満足せず新しい世界を信じたのだ。私は時代を変えた偉人たちと同じように、否定されても、そこから私たちに必要なことをしっかり受け止め、立ち止まるのではなく、前だけを見ようとメンバーと励まし合った。

前を向くパワーはお客様からいただいた。私たちを選んでくれる人たちが多くいること、結婚式を諦めようか迷っていた人たちが、ここでならと結婚式をしようと決意してくれること、出会えて良かったと言ってくれる人たちがいること、その事実に励まされ前に進んだ。

私たちにとって、業界の噂は真実ではなく、お客様の言葉が真実なのだと捉えた。お客様だけを見て仕事をすることを誓ったのだった。

さらなる挑戦　生まれた新たな結婚式

二〇一三年八月、私たちはその歩みをさらに加速させた。業界からは「どうしてそんなことを思いつくのか」と思われるような結婚式を次々と生み出していた。それでも、そこに甘んじているわけにはいかない。イノベーションのジレンマと言われるように、「イノベーターこそが、そこに甘んじ次のイノベーションを恐れてしまう」という状況に陥ることがあるという。「もっと私たちの今に挑もう」。現状を肯定せず、もっとチャレンジをしよう、そう自分たちで自分たちに課したことで、新しい作品やクリエイティビティができ上がっていった。

今までよりももっと多様性のある場所でと、開催場所は、古民家、海の家、牧場、公園、旧銀行と、毎回その範囲を広げていき、業界内外の方々とのコラボレーションも充実させた。私たちは、今までのｃｒａｚｙ ｗｅｄｄｉｎｇの枠さえも飛び出して、ますます多様なウェディングを生み出していったのだった。

それらはこんな感じだ。「UNITED WEDDING―おうちへ帰ろう―」では、二人がお互いに会って感じた家族という感覚を、ゲストが感じられるような結婚式。石垣島で開催された結婚式は、島の人々と地域コラボした結婚式となった。大切な三〇名だけを呼んだアットホームな結婚式は、いつかしたような家族行事を中心にコンテンツを組んだ。七夕の短冊、スイカ割り、バーベキューに、地元の名産をふんだんに使った料理を地元の高校生が民族衣装を着て運んでくる演出をした。その日の光景や地元のスタッフとの親しげな会話は、きっとゲストにもう一つの帰る場所としての石垣の記憶を提供できただろう。

「ウルトラテクノロジーウェディング」では、デジタルアート集団と共演。枯山水と金魚が織り成す私たちが創り出した和の空間に、デジタルや光の要素、映像技術を取り入れて結婚式をおこなった。パリコレの舞台を創っているプロの総合監督も入っての大きなコラボレーションとなった。

「chara（キャラ）wed！」は、漫画が大好きで、漫画が人生を変えてくれたという二人の結婚式。すべてが漫画仕立てのこの結婚式でコラボをしたのは、声優のモノマネができるプロ。ルパン三世が司会の声を横取りするところから、この結婚式の物語は始まる。姿は見えないルパンの声がすべてナレーションをおこなったこの結婚式は、有名な漫画のシーンの料理を提供したり、ルパン三世のライブがあったりと、予想外の展開で多くのゲストを驚かせた。

「第一回はるな祭り」は、公園に本格的なやぐらを立てておこなった夏祭りウェディング。いつもホームパーティなどを企画して、みんなを楽しませている春名夫妻。あっと驚くおもてなしとアイディアで、みんなを楽しませたいという二人に、これから毎年結婚記念日にこのお祭りを開けるようにと、イベント名に「第一回」も付けた。見たことのないようなハイセンスなやぐらを立てて、ハッピを着て、出店を出す。そこに太鼓奏者やダンサーが参加し、熱い夏祭りに多くのゲストが熱狂していた。

「ウェディングキャラバン」は少し特殊な結婚式。大切な人が全国にいて、その人たちは年をとっていて結婚式には来ることができない。それなのに、結婚式を開催するのが正しいことなのかわからないと相談され、私たちはウェディングキャラバンなるものを提案した。大切な人のもとを巡るウェディングがあってもいい。結婚の報告をする旅をして、全国を周り、帰ってきて親しい人に集まってもらい、ウェディングパーティも兼ねた、小さくて温かい報告会をしましょうと、私たちは伝えた。結婚を喜んでくれる人たちのもとを巡った二人の顔は、本当に晴れ晴れとしていた。

「little wedding on the planet」では、二人がこの大きな宇宙や世界の中で、身の丈に合ったささやかな結婚式をしたいと話してくれた。『ノルウェイの森』と文学をテーマに、誓いの言葉で好きな文学の言葉を贈り合い、席札には一人ひとりに合った二人のお気に入りの本をセレクトした。自分がものを買うことも投票だと捉え、安価なものではなく、より良い世界のためになるものを、と引き出物や結婚式を構成する要素をセレクトしたのだった。

そんな毎回まったく違う結婚式を創っていく中で、私たちのチャレンジが形になった作品が生まれていった。

スゴロクウェディング

「人生はゲームのようなもの」。それは最初に二人にお会いしたときに、新郎がしきりに言っていた言葉だった。その言葉が意味するものは、人生は本当に一瞬の選択で未来が大きく変わる、その偶然を重ねたように二人は出会い結婚をしたということだった。というのも、それぞれの偶然と運命が重なり、同じ時期に行ったオーストラリアのワーキングホリデーで出会った韓国人の新郎と、日本人の新婦。二人は学校の選び方もまったく違った。新婦は五校以上の学校を吟味し、新郎は一〇分もかからず適当に決めたその学校で偶然に出会ったのだった。そして、そこからたくさんの奇跡を重ねて、結婚式を迎えている。先がどうなるかわからないから人生はおもしろい。そんな不確かな人生で、この人との関係だけは確かでありたいと思う矛盾。

そのヘンテコな人生のすべてを表現したいという想いを受けて、私は「スゴロクウエディング〜LIFE is GAME〜」というコンセプトを提案した。二人に出会ったときに感じた新しい感覚を形にしたいと、私の中でも大きな挑戦をしたのがこのウェディングだった。何が新しいかというと、部屋を真っ暗にして、ライティングを完備、すべて劇場のように物語が進むというスタイルにしたのである。

当日は会場に一歩足を踏み入れると、会場そのものがスゴロクの世界になっている。足元には、スゴロクのマスがあり、すべてのテーブルのライナーへとマスがつながっている。そして、お花が飾られるはずのテーブルには、そのテーブルに座る人たちに関連するデコレーションがされている。たとえば、家族のテーブルには、よく一緒に行った砧《きぬた》公園のジオラマが、前職の仲間のテーブルには空飛ぶ飛行機と宙に浮いた雲、滑走路のデコレーションが。違うテーブルのデコレーションを見ているうちに、オープニングブザーが鳴って暗転していく。「人生は偶然の連続でできている」。ストーリームービーが流れ、会場前方にスポットライトが当たり、侍の格好をした人が詩を朗読する。その後、二人が登場し、シルクハットをかぶった司会が「ここで一つゲームをしよう」とゲストを誘う。そのゲームは、サイコロを振って乾杯酒を決めるもので、出た目によってドン・ペリニヨン、モエ・エ・シャンドン、スパークリングワインと乾杯酒が決まるのであった。

ひとしきりゲームに興じたところで、本編がスタートする。もちろん、スゴロク形式である。二人が生まれたときから、今までの人生が交互にそのスゴロクのスライドの中に映し出されていく。私たちがこの半年間に聞いた二人のストーリーをたった二時間の披露宴の中ですべて追体験できる内容になっていた。そして、中学校の悪友たちのコマでは、悪友たちがステージで歌とダンスのショーをして、新婦の友人の話というコマが出るといきなり客席にライトが当たって、友人がスピーチをするなど、見ている人たちも舞台の中に迷い込んだ様子。あっという間に二人は大人になり、そして、スゴロクのコマが今日を迎える。そう、このストーリーの最後で、挙式をするという演出をしたのである。

この結婚式で大切にしたのは、一緒に挑むということだった。新郎の夢は小説家になること。もちろん母国語ではない文章を書くのは大変だが、それでも最大限シナリオは新郎の言葉で書けるように忙しい新郎に合わせて、最後の最後まで私たちもそこに歩みよった。スゴロクのような先の見えない人生も、そこに結婚や友情のように、確かな絆があるだけで、それはおもしろい人生のエッセンスになるのだということを教えてくれたウェディングだった。

みんなの夢をのせて

今まで仕事をしたほとんどのクリエイターのみなさんが「こんな結婚式が存在するなんて」と感動し、これからも一緒に仕事がしたいと伝えてくれた。中には、飛び込みで「タダでもいいから一度一緒に仕事をさせてほしい」と会社に来たクリエイターもいた。現場に入ったクリエイターからは、「最高のものを創ろうとしている姿勢、最高のものを僕たちに創らせようとしてくれる姿勢に感動しました」と伝えてもらうことも多かった。

クリエイターの中に、今私がウェディングの事業でがんばる大きな理由となっている人がいる。その人は、理想の仕事ができず、結婚式の業界で生きていくことを何度も諦めようかと思っていたビデオカメラマンだった。彼は「ｃｒａｚｙ ｗｅｄｄｉｎｇが創る結婚式を初めて見たとき、こんな結婚式があるなんて信じられなかった」と話してくれた。そして抱き続けたこの業界に対する疑問や不満、その中で諦めようとしていたこと、でもウェディングが好きで諦めたくなかったということを話してくれた。「ぜひ一緒に仕事がしたい」。そう言っていただき、最初の仕事が始まった。

今までウェディング業界では、クリエイターの立場は最下位だった。メディア媒体が一番強くて、次に偉いのは会場。その会場から仕事をもらう立場のクリエイターは発言権がないに等しかった。そして、一日に何組も結婚式をおこなうホテルや専門会場では、すべての写真やビデオのカットが決まっていて、そこには二人の個性も、クリエイターのクリエイティビティの介在価値もないようなものだと話してくれた。しかも、お客様が支払う撮影代のうち、一〇～五分の一しかカメラマンには支払われない。それでは仕事が生き甲斐につながらないであろうことは、私にも容易に想像がついた。

私の原体験はまさに自分の結婚式の経験だった。私の結婚式を創ってくれたクリエイターたちは、その話に聞いたクリエイターたちとはまったく違った。私にとってのクリエイターの当たり前は、自分の結婚式のように、才能を発揮して輝く存在だった。

だから私たちは、クリエイターに対して、業界の常識に囚われない、いくつかの約束をしていた。少しでも高いお金を支払うこと、クリエイターがクリエイティビティを最大限に発揮できる環境を私たちが整えること、クリエイターの夢や想いを私たちが実現するような関わりをすること。それが私たちの基準だった。

私たちのオフィスに、前述したビデオカメラマンが再度訪れたのは、最初に会ってから数ヵ月後のことだった。そのビデオカメラマンは清々しい顔で信じがたいことを口にした。「ｃｒａｚｙさんと仕事をさせてもらって確信を持ちました。一緒に仕事がしたいから、勇気を出して会社を辞めました」。才能のある人が目の前で淡々とそう話してくれる。自分の人生を懸けたいという決意に満ちて、まぶしすぎて直視できないほどだった。少し遅れて涙が出た。私は改めて、この私たちに関わるすべての人が命を輝かせられるような仕事をしようと、テーブル越しのカメラマンを見て決心する。

その人と一緒に仕事をしたウェディングでの帰り道、「今日のウェディングは最高だったね」という話をしているときに言われた言葉があった。「今日ビデオを撮っていて、僕は生きていてよかったって思いました。こんな日が人生で来るとは思いませんでした」。さらりと話してくれたその言葉。静かに私の胸にこみ上げるものがあった。仕事への誇りを取り戻してくれたことが、手に取るようにわかった。私たちが目指しているのは、今日のウェディングを繰り返すことじゃない。新郎新婦二人を中心に、このウェディングに関わる人たちの人生が変わる、世界にたった一つのウェディングを創ること。来てくれたゲスト、関わる人たち合わせて二〇〇名くらいの人たちが、そこで心を一つにしていくこと。

毎回新しい歴史が生まれて、感情が生まれて、それが波及していくときに、世界は変わる。私はこの人たちとなら、もっと純粋なものを信じられる世界を創れると確信している。クリエイターたちが、「これだ」と信じて創り出す空気感は、きっと大半の人が結婚式で経験したことがない空気だと思う。それくらい本気で、清々しい、気持ちいい、愛情あふれた空気だ。この空気を、「良い結婚式を創りたい」と願うすべてのお客様に、私は知ってもらいたい。

第七章　今、そして未来

私たちのウェディングの本質

ここまで丸二年、私はこうやって「意志のある人生を増やす」ため、そのあふれ出す想いに真っ正面から向き合って結婚式を創ってきた。そして、この事業を始めてから、結婚式は予想していたよりも、人生において遥かに大きなパワーがあることを知った。

誰もが望んでいる「自分の人生を自由に自分らしく生きる」、その大きな一歩を、結婚式は創ることができる。私たちは最初から理想を目指し続けた。もちろん、完璧ではなかったけれど、毎回心と人生のすべてを傾けて、一つひとつの結婚式に挑んできた。そしてそれを創り上げるために、弱い自分・できない自分に諦めずに向き合ってきた。それが私の、私たちの今までだった。

「なぜそんなにビジネスが順調にいっているの？　秘訣は何？」と聞かれたりする。私はそれに、自信を持って毎回一言で答える。それは、「これはビジネスではないから」と。これはビジネスではなく、自分の人生そのものだ。もともと、ビジネスとしてどう稼ぐか、どういうビジネスモデルにするかなど、私は考えていなかった。この事業は、山川咲という一人の人間が歩み、やっと見つけたことを世界に伝えようとする、私の人生のすべてを懸けた挑戦なのだ。何か稼げることをやろうとか、ビジネスチャンスがあるからとか、そういう次元で私は事業をしていない。

UNITED STYLEの仲間たちも同じだ。理想の自分で、理想の事業に挑戦しているその世界に、「できない」ということはない。そこに一パーセントでもあるかすかな可能性と向き合い、「どうやったらできるのか」という希望に焦点を当てて、私たちは幸せを感じながら、毎日世界を変えるレベルを目指して挑んでいる。その生きるレベル、目指すレベルが他と圧倒的に違うことこそが、いつも聞かれる問いの答えでいえば、事業がうまくいっている理由だろう。

私は毎日をうまく生きられなかった幼い時から、こういう未来を確かに望んでいた。でも一方で、望んでいたけれどもこんな未来が自分に訪れるなんて、夢にも思っていない自分もいた。きっかけは本当に些細なことだったし、たった一ヵ月のオーストラリアでの出来事だった。私は、足りないと思い続けてきた自分の人生が、もうすでに十分満ち足りていることを知った。そして、「自分の意志を持って生きる」ということを自分が一番失いたくないと思っていることだけは、決して見失わずに生きたいと願った。それ以外を失ったとしても、山川咲という道をまっすぐに生きることだけを失わなければ、私の人生は大丈夫なのだと気づいた。

そして、前に前にと歩み続けたその後の人生で、探し求めた人生の答えが「じつは存在しない」のだとも思えたのだった。私は人生の答えを探す旅をやめた。何かすてきで大きな未来へと、私は自分の生き方を大切にしてただ進んでいくのだ。そこで、一生答えの出ない未知な自分自身と、未知な未来を、私は探求し続ける。それが人生なのだと思えた。自分と向き合う人生は美しく、尊い。多くのアーティストたちがそうしてきたように、人が自分と向き合うことで、クリエイティビティは生まれていくと信じている。

人生が変わるウェディングなんて

あるお客様の結婚式の前日、手紙をもらったことがある。そこには「明日、もし結婚式が何らかの理由で開催できなかったとしても、ｃｒａｚｙ ｗｅｄｄｉｎｇを選んでよかったです」と書かれていた。私は一年以上も前にもらった手紙を、今でも忘れることはできない。そう、ｃｒａｚｙ ｗｅｄｄｉｎｇの本質は、派手で奇抜な結婚式ではない。自分の人生と向き合うプロセスそのものが、私たちの本質であり、サービスのコアなのである。

たった二時間の結婚式で人の人生は変わらない。私もそう思う。でも、私たちのサービスは、その二時間ではなく、半年から一年という結婚式までのプロセスそのものを指す。プロセスが違うから、当日の結婚式が違う。そして、そのプロセスは人の人生が変わるほどのインパクトを持つ。

今の私たちの事業が、ほかと全く違うところはどこだろう、私たちはそれを常に私たち自身に問うている。その答えは「プロセスそのものだ」と、私は以前よりもさらに確信を持って伝えることができる。

多くのお客様が私たちの結婚式を機に、転職をされたり、独立をされたり、ライフスタイルが変わったと言ってくださる。それは、この結婚式のプロセスを通して、人生が変わるきっかけがあったからに他ならないだろう。その根本的な理由を考えたときに、あのオーストラリアでの経験がリンクする。私はあの場所で自分の人生は自分のものなのだと心から実感できた。そのときに、見える世界が変わったのだ。どこか他人の思惑や期待を生きていたそれまでとは違う、自分の中にあふれ出す意志。自分が自分の人生や未来を生み出せるという確信が、私に与えたものは計り知れない。だから私は結婚式のプロセスを通して、自分が自分の人生の主役だと気づける場を提供したい。そして、自分次第で未来は作れるのだということを伝えたいと願っている。結婚式はそれを実感するのにベストと言い切れるくらいすばらしい機会なのだ。

私たちは「意志のある人生を増やす」ためにウェディングを創り続ける。多くのお客様が、オリジナルの結婚式やオリジナルの人生を求めている。でも、私たちのもとに来るお客様でさえも、「どんなウェディングをしたいですか」と聞くと、「親や上司のことを考えると、こうしたほうがいいと思うのです」と答えたり、逆に「どうする人が多いのですか？」と聞いてきたりするのである。

人は「私はこうしたい」という人生を、どこかに置き忘れてきてしまっている。だから私たちは聞き続ける。「何でもできるとしたら何がしたいですか」「なぜ結婚式を挙げるのですか」と。そして、私たちは二人が話してくれる「こうしたい」の欠片《かけら》をつなぎ合わせて、コンセプトにしていくのだ。最初からコンセプトを持っているお客様はほとんどいない。それでも、どこかでみんなと同じではないこと、そこに二人という個性が存在することを求めて、お客様は来てくれる。私たちは一緒に結婚式を創る中で、人々の感情や個性、「こうしたい」という想いを一緒に取り戻していく。

結婚式は自分の人生（過去・現在・未来）に向き合い、自分の人生を自分たちらしく表現する場だと私たちは定義している。そこに必要なのは誰かの意見ではなく、二人の意見。最初は見当もつかない、二人の「こう生きたい」と思える人生を、一緒に描くのが私たちの仕事だ。そして結婚式は、そのプロジェクトに関わるすべての人を幸せにするだけのパワーがある。

私たちの次の挑戦は、今のｃｒａｚｙ ｗｅｄｄｉｎｇのプロデューサーを外部にも育てていくことだ。このすばらしい事業が会社という枠の中で収まることを、社会は望んでいないと私たちは思う。この事業をプラットフォームとして拡大し、個人がフリーでウェディングのプロデュースをして生きていける仕組みを、この世の中に創造する。それが、社会構造に挑む私たちが出した答えだ。今までとは違うまったく新しい働き方を、この社会に提案することでもある。

今までフルタイムかパートかという選択肢の中で、時間的拘束があるという理由だけで、望むような仕事ができなかった女性たち。自分の才能を活かしきれなかった女性たちに、私たちはウェディングのプロデューサーという、生き方の選択肢を提案したい。プロデューサーとは自分の生きてきた、人生背景が反映される仕事だ。個性を発揮しながら、自分の時間を自由に使って月に一組だけ結婚式を創り出すことで、通常のウェディングプランナーと同等の収入を得られるようにする。意志を持っていきいきと生きる、自立した個人をこの社会に増やすのだ。その方向性は、今まで歩んできた道に比べても、とんでもなくハードルが高い。それでも、私たちはもうすでに、そこに挑むという舵をとっている。そしてその挑戦は、考えてみれば私がちょうどオーストラリアで、あの偉大なエアーズロックに誓った言葉にほど近い。

「人の可能性を解放することを私の目指す生き方とし、自分がまずはその象徴として、自分らしく自由に生きられることを証明する生き方をしよう」「とくに女性に対して女性の新しい生き方・働き方を提案して、多くの女性の目標・希望となれる人になろう」。人は本当に求めるもののために生きる生き物なのだと、私はこの時の日記を見返して思った。私はただ純粋にそれを目指している。大好きな仲間たちと、希望だけを心に抱いて。そして、うまくいかなかったとしても、挑むことに一番価値があると知っているから、私はちっとも怖くない。

全社員一ヵ月世界一周へ、そして未来へ

二〇一三年一二月、私たちの会社は二〇名を超えるメンバーへと、また一気に拡大をした。そして、その全員が一ヵ月、社員研修として世界一周をできるまでに会社が成長していた。全員がそれぞれ別々にそれぞれの場所へ向かい、世界一周の最終目的地として目指すのは、創業前の旅行で森ちゃんと二人で理念を考えた地、アルゼンチンのパタゴニアだ。

「今度は全員であのパタゴニアの地に行きたいね」。そう話してから二年、創業から一年半。あっという間のことだった。ウェディング事業に加えて、私たちはインターネットの事業もしており、これから教育の事業も始める予定だ。稼ぐためだけのビジネスは、もう世の中に必要ない。「社会構造を根本から変える、本当に必要な一握りの事業をしよう。より本質的に、より美しく、よりユニークに」。そう思う私たちが、未来から考えたときに、あの世界一周を境に会社が大きく成長し、加速したと思える時間にしよう。そんなことを思いながら、私たちは世界へと、そして大きな未来へと出発する。

おわりに

二〇一三年の暮れ、私は最終章を世界一周旅行中のスペインで書き上げた。最後の執筆の合間、スペインのバルセロナの街が一望できるモンジュイックの丘という場所に足を運んだ。それは、太陽の色が白から黄色へと、少しずつその色を濃くしていく夕刻の少し手前の時間。たしか一六時ごろだったと思う。沈みゆく太陽に急かされるように、私はほとんど衝動的に夕日が見たいと思い、執筆を中断して地下鉄に乗り込んだ。その地下鉄の車内で一番近くにいた陽気な三人のおばちゃんに、バルセロナで一番夕日がきれいに見える場所を聞いたのだった。三人は結局「うーんわからないわ。でも、とにかくバルセロナは美しい街よ」と、ご機嫌に伝えてくれた。私は、もう自分で決めるしかないと一瞬で考え、ガイドブックで見たことのあったモンジュイックを目指した。地下鉄で降りたときに、どちらに向かえばいいのかも、バスの乗り方もわからない。その都度、私はそこら中の人に聞いて、目的地に向かったのだった。そして、モンジュイックから見える夕日と、うっすらと赤く照らされるバルセロナの街の光景に、私はぎりぎりのところで間に合ったのだった。それを見て、私はこみ上げてくる涙を止めることができなかった。

それは、「望んでいるから、ここにたどり着けたのだ」というシンプルな事実を、私は知っているのだと気づいたから。オーストラリアでも感じたことだが、「こうしたい」という強い望みがあって、臆することなく人に話しかければ、いつかその場所にたどり着ける。もちろん、たまに無視をされたりすることもあるけれど、大事なのは、そこで失うものは何もないということ。話しかけてトライすれば、プラスになるか、マイナスになるかのどちらかしかないのだ。なのになぜ、多くの人がそこに臆するのだろう。その行動をとることに迷うのだろう。

そう感じたのは、私は今回の旅の始めに、迷って我慢したり、しようがないかと飲み込んだりしている自分に、久しぶりに出会ったからである。日本では意気揚々と仕事をして、多くの人に何かを話したりしている自分が、こんな小さなことで気をもんでいたのである。「誰も私のことを知らないし、恥ずかしいことなんて何もない」と、思い直してリクエストをしたり、「これだ」というお店に入ったり、人に話しかけたりする。そうすると願いが叶わないことは、あまりないのだということを思い出すのである。そして、一瞬でも迷ったら間に合わなかったモンジュイックの夕焼けにも、たどり着けたのだった。

私自身も今までの人生で、「失うもの」をとても気にしてきたように思う。とくに、オーストラリアの旅に出るまでの自分は、「失わないために」生きてきたようにも思うのだ。でも、私はオーストラリア一人旅、起業、その後のさまざまなドラマの中で、じつは人生には「失うものは何もない」ということに気づいたのだ。失うことを恐れて、挑戦できないことは人生を失うこと、それ以外に失うものは人生には存在しないということに私は気づいているのだ。失うものが仮にあったとしても、挑戦できずに人生を失うよりも、大きなことであるはずがない。

「大して大切ではないものを守るよりも、自分らしい人生を手に入れるための挑戦と冒険に生きる」という選択肢があるのだということを、私はこれからも出会った人に伝え続けたい。これからはきっとウェディングという枠を超えて、私はそれを他の分野でも、証明するように生きていくだろう。それは傷つきながら、葛藤しながら生きてきた私がやっとたどり着いた場所で、私が人に伝えられる最大の人生の発見だからだ。

それを知って、挑戦して生きることは、じつは葛藤して生きるよりもずっと楽だった。そして充実していて、自分の人生はすばらしいと思えた。

私はこれから出会っていく人たちに希望を与えられる人でいられるように、そして自由に自分らしく生きるシンボルでい続けられるように、今日も「山川咲」の人生を全力で生きていく。

二〇一四年四月　山川　咲

山川 咲
やまかわ・さき

1983年東京生まれ。crazy wedding創設者。
元フジテレビのアナウンサーだった父が会社を辞め日本一周ワゴンカーの旅へ出たのが3歳のころ。
2年近いワゴンカーでの暮らしの後、千葉の片田舎に住むことを親が決める。
大自然の中、15歳まで自分でお風呂を薪で焚くような生活をして葛藤しながら育つ。
大学卒業後、ベンチャーのコンサルティング会社へ入社。5年間の社会人生活にピリオドを打ち、
退職後一人オーストラリアへ。帰国後、「意志をもって生きる人を増やしたい」という想いを
実現するために起業。業界で不可能と言われ続けた
人生を表現するオリジナルウェディングのブランド・crazy weddingを立ち上げる。
業界の革命児として、業界内外の人たちと妥協のないウェディングをプロデュースし、
起業わずか1年足らずで人気ブランドとする。
crazy wedding http://www.crazywedding.jp/index.html

幸《しあわ》せをつくるシゴト
完全《かんぜん》オーダーメイドのウェディングビジネスを成功《せいこう》させた私《わたし》の方法《ほうほう》
2014年4月24日 第1刷発行
2016年6月10日 第5刷発行

著者 山川《やまかわ》 咲《さき》

デザイン 寄藤文平 + 鈴木千佳子(文平銀座)
企画編集 依田則子

発行者 鈴木哲
発行所 株式会社講談社 〒112-8001 東京都文京区音羽2丁目12-21
電話 編集 03-5395-3522 販売 03-5395-4415 業務 03-5395-3615
印刷所 株式会社精興社
製本所 株式会社国宝社

ISBN978-4-06-218888-3 N.D.C.289 247p 18cm